MICHAEL WINKLER

Gott in deiner Welt sichtbar machen

DIE STADTREFORMER

INHALTSVERZEICHNIS

Vorwort **5**
Einleitung **6**

MEINE WELT ERFASSEN

① Wirkungskreis erkennen **10**
② Alltag umarmen **18**
③ Identität ergreifen **26**
④ Not verstehen **36**

EXKURS: Gebet für deine Stadt **46**
JÜRGEN KLAMMT

MEINE WELT MITGESTALTEN

⑤ Betend gestalten **60**
LUKAS KNIESS
⑥ Kultur prägen **70**
⑦ Gute Werke tun **80**
⑧ Glauben bezeugen **90**
BRIGITTE KLAMMT
⑨ Geistlich begleiten **100**
CHRISTOPH STUMPP

Kurz & gut **110**

LIEBE LESERIN, LIEBER LESER,

hast du dich auch schon mal gefragt, wie die Welt um dich herum aussehen würde, wenn Gottes Gegenwart darin ‚sichtbar' wäre? Wenn Glaube, Liebe und Hoffnung ihre Wirkung entfalten und den Platz, an den Gott dich gestellt hat, prägen würden? Die gute Nachricht ist: Es ist möglich! Wie? Durch die gute Nachricht selbst: Das Evangelium des vollbrachten Werkes Jesu Christi.

In jedem Bereich unserer Gesellschaft braucht es Beweger, die das Herz Gottes immer mehr kennenlernen und aus der tiefen Gemeinschaft mit Gott heraus ihre Welt mitgestalten. Die Inhalte dieses Workbooks haben wir über viele Jahre entwickelt. Mit ihren Herzensthemen haben sich zudem engagierte, langjährige Stadtgestalter eingebracht: Brigitte Klammt („Glauben bezeugen"), Jürgen Klammt („Exkurs: Gebet für deine Stadt"), Lukas Kniess („Betend gestalten") sowie Christoph Stumpp („Geistlich begleiten"). Alle neun Schritte geben dir eine alltagstaugliche Anleitung, wie du mehr vom Himmel auf die Erde bringen kannst. Wir sind überzeugt: Bald schon wirst du die Kultur des Reiches Gottes in deiner Welt immer deutlicher erkennen können.

Viel Freude und Staunen!

Michael Winkler und
Bastian Hagenlocher

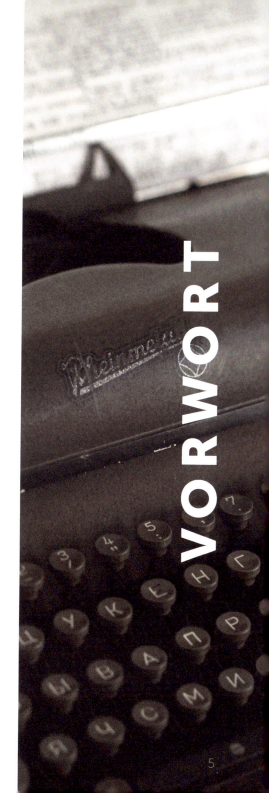

ALS STADTGESTALTER LEBEN

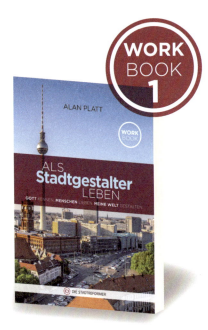

Alan Platt
ALS STADTGESTALTER LEBEN
Paperback, 104 Seiten
Edition Wortschatz
ISBN 978-3-943362-59

Wir sind als Gemeinde total begeistert von diesem Workbook! Es hilft uns, gerade in dieser Zeit, gemeinsam an einem Thema zu arbeiten und es baut unser „Wir-Gefühl". Das Buch ist alltagsbezogen, jeder kann sich darin wiederfinden. Die Fragen in dem Buch sind durchaus anspruchsvoll. Was wir besonders mögen ist, dass es in diesem Buch um das Reich Gottes geht und um konkrete Nachfolge. Die Kleingruppen unserer Gemeinde gehen sehr intensiv die Kapitel durch, einige wiederholen oder vertiefen sie sogar nochmals. Es gibt regelmäßig ‚Aha-Effekte', z. B. bei diesen beiden eindrücklichen Bildern mit dem Löwen in freier Wildbahn und dem im Zirkus und der damit verbundenen Frage: „Leben wir nur in einer christlichen Kultur oder leben wir in unserer christlichen Natur?" Danke für dieses Buch. Wir hoffen, es gibt eine Fortführung!

Christus-Centrum-Kempen e. V. (evangelische Freikirche)

8 GESELLSCHAFTSBEREICHE,
die wir bewegen. Im Zentrum steht unser Glaube, der den Drehpunkt unserer Bewegung bildet.

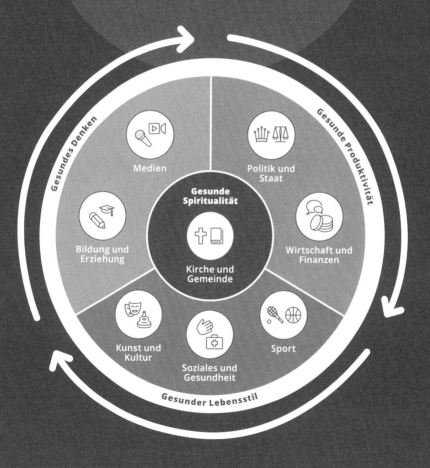

ZUM UMGANG MIT DEM WORKBOOK 2

WIE DU DIESES WORKBOOK GEWINNBRINGEND NUTZEN KANNST:

Das erste Workbook „Als Stadtgestalter leben" baut eine hervorragende, motivierende Grundlage. Die vorliegende Fortsetzung schärft gezielt den Blick für unsere Welt, um sie dann aktiv mitzugestalten. Am besten gehst du die 9 Schritte zusammen mit anderen Stadtgestaltern, die einen ähnlichen Herzschlag haben wie du: Das können Menschen aus deinem Wirkungsfeld in räumlicher Nähe sein (Kollegen, andere Mütter oder Väter etc.), genauso wie Menschen aus deiner Branche oder einer ähnlichen Lebenssituation (z. B. Bankmitarbeiter, Kommunalpolitiker etc.). Selbst wenn ihr euch an verschiedenen Orten befindet, könnt ihr euch per Videokonferenz gegenseitig inspirieren, voneinander lernen und den entsprechenden Schritt im eigenen Kontext umsetzen. Auch mit Personen aus deiner Kirchengemeinde, die wie du ein Herz für ihre Stadt haben, wird der gemeinsame Weg besonders fruchtbar sein. In welchem der dargestellten 8 Gesellschaftsbereiche bist du ein Beweger bzw. Mitgestalter? Es gibt so viele Möglichkeiten! Unsere Videobeiträge geben einen Einblick, wie andere Stadtgestalter Gott in ihrer Welt sichtbar machen: **https://www.die-stadtreformer.de/blog/**

SCHRITT 1

MEINE WELT ERFASSEN

WIRKUNGSKREIS ERKENNEN

VERANTWORTUNG ÜBERNEHMEN

Als Ebenbilder Gottes sind wir dafür geschaffen, in vielerlei Weise selbst schöpferisch tätig zu sein. In uns allen steckt ein ‚Unternehmer-Gen', das uns befähigt, Neues zu gestalten. Bei vielen Menschen ist es tief vergraben, es schlummert noch. Sehnsüchtig wartet es darauf, aktiviert zu werden. Wie? Indem wir Gottes Einladung folgen, uns unseres Wirkungskreises bewusst zu werden und Verantwortung für ihn zu übernehmen. Aber was bedeutet es genau, wenn du sagst: „Ich und mein Haus wollen dem Herrn dienen"?

DER MENSCH: NUR BEWAHRER ODER AUCH GESTALTER?

Zu Beginn war nicht etwa schon die ganze Erde ein Paradies, sondern ein geografisch klar begrenztes Gebiet. Genau hierin steckt ein göttliches Prinzip: Die Grundlagen unseres Wirtschaftens haben wir zur Verfügung gestellt bekommen. Jetzt liegt es an uns, die Erde fruchtbar zu machen. Gott hat uns nicht nur die Aufgabe der Bewahrung der Schöpfung gegeben, vielmehr lautet sein Auftrag auch: „Seid fruchtbar und mehret euch und füllt die Erde". Dazu braucht es unternehmerisches Handeln, Saat und Ernte. Und das fängt damit an, bereitwillig und entschlossen Gaben, Kraft, Zeit und Geld genau hier zu investieren. Gott bot schon Adam und Eva nicht nur seine Gemeinschaft an, sondern auch seinen Besitz. Mit dieser Chance zur Selbstverwaltung machte er sie zu seinen Partnern, Mitgesellschaftern und Teilhabern. Seit dem Garten Eden hat sich unser Grundauftrag nicht verändert. Er heißt noch immer: „Mach was draus!" Zunächst gilt es, den Bereich unseres Einflusses überhaupt zu definieren. In der uns anvertrauten Verantwortungsebene setzen wir dann die gestaltende Kraft Gottes frei. Genau genommen leben wir parallel in fünf verschiedenen Räumen, in denen wir mehr oder weniger Handlungskompetenz haben:

1. Als Individuum – für mich selbst und mein Leben
2. Als Teil einer Familie – für die eigene Kernfamilie und die erweiterte Familie
3. Als Teil einer Glaubensgemeinschaft
4. Als Teil des Verbandswesens – in Wirtschaft, Kultur, im Beruf, Verein und Gemeinwesen
5. Als Teil des Staatswesens – als Nachbar, Staatsbürger und politisch aktiver Mensch, der zumindest sein Wahlrecht wahrnimmt

UNSERE IDENTITÄT IN CHRISTUS BEFÄHIGT UNS

Es geht hier nicht um Priorisierung, sondern um das Bewusstsein, dass wir die Gestaltungskraft für alle fünf Räume bereits in uns tragen. Mag sich auch die Gewichtung im Laufe unseres Lebens ändern, so befähigt uns unsere Identität in Christus, jeden Bereich voranzubringen. Nicht aus Aktivismus heraus oder eigener Kraft, sondern durch Gottes Geist. Nicht (nur) aufgrund unserer Fähigkeiten oder unseres Verhaltens, sondern aufgrund des vollbrachten Werkes Jesu Christi. In ihm sind wir vollkommen (befreit zu guten Werken) und seine Kraft ist in uns mächtig.

In der Praxis hast du vielleicht in einer Lebensphase eine größere Verantwortung im familiären Bereich. In einer anderen bist du dafür eher beruflich aktiv, weil deine Familie nicht mehr ganz so viel Aufmerksamkeit braucht. Mündiges Christsein bedeutet aber immer, die Welt um uns herum im Blick zu haben, um sie mit Glaube, Liebe und Hoffnung zu gestalten.

Gott vertraut uns bestimmte Handlungsfelder und unterschiedliche Begabungen an. Dieses Prinzip findet sich häufig in der Bibel. Von seinem Wirkungskreis spricht auch Paulus in 2. Korinther 10,13-15. Er verwendet dafür das griechische Wort Kanon, was bedeutet: Hier habe ich ein Mandat, das mich befähigt, diesen Raum zu gestalten. Diesen Raum nehme ich bewusst an und genauso bewusst begebe ich mich in ihn hinein. Gleichzeitig sagt Paulus aber auch, dass er nicht über seinen Bereich hinausgehen will, denn außerhalb davon hat er weder Mandat noch Gestaltungskraft. Da läuft er sogar Gefahr, sich zu übernehmen oder ineffektiv zu sein. Es geht also darum, genau den uns zugemessenen Handlungsspielraum zu erkennen und zu ergreifen.

Ein solches Verständnis für ‚gesunde' Zuständigkeit zeigt auch der Schwiegervater von Mose. Er rät diesem, die Verantwortung für die Israeliten aufzuteilen, die mit allerlei Anliegen von morgens bis abends zu ihm kamen. „Du reibst dich auf, sowohl du als auch dieses Volk, das bei dir ist. Die Aufgabe ist zu schwer für dich, du kannst sie nicht allein bewältigen." (2. Mose 18,18) Mose nahm den Rat dankbar an, wählte daraufhin fähige Männer unter den Israeliten aus und setzte sie als Richter über 1.000, 100, 50 und zehn Haushalte ein. Interessant ist hier, dass nicht jeder dieser Führungspersönlichkeiten dieselbe Anzahl an Menschen unter sich hatte. Es gab vielmehr ein unterschiedliches Maß an Verantwortung, mit dem sie dem Volk nun jederzeit Recht sprechen konnten. Für alle aber galt, dass sie mit den schwierigen Streitfällen zu Mose kamen und die einfachen selbst schlichteten. Sie übernahmen Verantwortung für den ihnen zugemessenen Bereich und gestalteten ihn.

Das Schöpferische in uns wird erst sichtbar, wenn wir etwas erschaffen.

Dieselbe Wahrheit offenbart das Gleichnis von den Talenten. Gott verteilt seine Gaben an die Menschen nicht mathematisch gleichmäßig, sondern in unterschiedlicher Größenordnung und Ausprägung. Laut Römer 1,20 wird das unsichtbare Wesen Gottes in seinen Werken sichtbar. Wenn wir also in seiner Ebenbildlichkeit erschaffen sind, bedeutet das, dass man das Schöpferische in uns auch erst an unseren Werken erkennt: An der geistreichen Ausführung des Handwerkers etwa oder an der gelungenen Konfliktlösung des Mediators. In Jesus Christus sind wir befreit zu guten Werken, genau wie Gott Israel aus der 400jährigen Versklavung befreit hat! Doch Freiheit will gelernt sein – damals wie heute.

Gott hat jedem von uns einen Handlungsradius anvertraut, den wir im Sinne des Wesens Christi gestalten und in dem wir Versöhnung und Wiederherstellung vorleben dürfen. Wie? Indem wir innige Gemeinschaft mit dem Vater genießen. Unsere Identität in Christus ermöglicht es uns, dass wir durch den Heiligen Geist im Vater sind und er in uns. Nichts kann uns mehr von seiner Liebe trennen. Sich dieser Tatsache bewusst zu sein und danach zu handeln, muss enorme Auswirkungen haben! Je mehr Menschen sich (be)rufen lassen, auf dieser Grundlage mit Gott zu leben und ihren Wirkungskreis im Sinne Jesu – für den König – zu gestalten, umso mehr wird es wie im Himmel so auf Erden sein. „Denn die Erde wird davon erfüllt sein, die Herrlichkeit des HERRN zu erkennen, wie das Wasser den Meeresgrund bedeckt", heißt es in Habakuk 2,14. Gottes Strategie dafür sind Menschen. Wir sind die Strategie seines Plans mit dieser Welt, in dem er uns zu seinen Miterben und Mitgesellschaftern gemacht hat.

SEIT DEM GARTEN EDEN HAT SICH UNSER GRUND-AUFTRAG NICHT VERÄNDERT. ER HEISST NOCH IMMER: „MACH WAS DRAUS!"

VERSTEHEN & FESTHALTEN

1 Wie weit ist dein ‚Unternehmer-Gen' schon freigesetzt?

....

....

2 Betrachte die Abbildung mit den fünf Verantwortungsbereichen als verschiedene Räume deines Wirkungskreises. Beschreibe deine derzeitige Verantwortung in jedem dieser Räume jeweils in einem Satz!

....

....

....

....

....

....

3 Lies nochmals 2. Korinther 10,13-15! Stimmt dein Wirkungskreis mit dem Mandat überein, das du von Gott her empfindest?

....

....

....

UMSETZEN & GESTALTEN

1. Auf welchen Verantwortungsbereich aus deinem Wirkungskreis willst du bei den weiteren Schritten des Workbooks deinen Fokus legen?

....

....

....

....

....

2. Mit welchen Personen aus diesem Verantwortungsbereich möchtest du dich über die Inhalte dieses Workbooks austauschen und mit ihnen gemeinsam konkrete Schritte gehen?

....

....

....

....

....

....

....

SCHRITT 2

MEINE WELT ERFASSEN

ALLTAG UMARMEN

Fällt es dir schwer, deine tägliche Routine und deine Herausforderungen im Alltag ganz anzunehmen und zu bejahen? Wenn ja, dann kommt hier die gute Nachricht: Gott selbst hat uns die Steilvorlage dafür geliefert, wie das geht. Er liebt diese Welt so sehr, dass er seinen eigenen Sohn mit Haut und Haar ins Geschehen geschickt hat. Jesus wiederum nahm die Herausforderung an, indem er nicht nur gute Ratschläge gab, sondern sich selbst. Er krempelte die Ärmel hoch, wurde Mensch und stürzte sich ins Chaos dieser Welt. Mit jeder Faser seines Seins lebte er die gute Botschaft vor. Stets bereit, zu berühren, zu helfen, zu heilen und wiederherzustellen. Immer nur eine Armlänge entfernt von den menschlichen Abgründen und Kämpfen. Er schwitzte, lachte, weinte und trauerte mit den Menschen. Und war damit ganz nah dran an denen, die den Arzt brauchten, und auch denen, die ihn ablehnten. Der Hebräerbrief stellt ganz klar fest, dass Jesus in allem auch selbst versucht worden ist wie wir: „Jesus ist ja nicht ein Hohepriester, der uns in unserer Schwachheit nicht verstehen könnte. Vielmehr war er – genau wie wir – Versuchungen aller Art ausgesetzt, allerdings mit dem entscheidenden Unterschied, dass er ohne Sünde blieb." (Hebräer 4,15)

DEN LÄRM, DEN SCHWEISS UND DIE THERMOSKANNE DEINES ALLTAGS LIEBEN LERNEN

Vor allem aber die Menschen. Kein Zweifel: Christus hat sich wirklich mit uns Menschen identifiziert. „Er wurde einer von uns – ein Mensch wie andere Menschen." (Philipper 2,7). Angefangen in Bethlehems Stall, übernahm er als erstgeborener Sohn Verantwortung in seiner Familie. Später mischte er sich leidenschaftlich in die Arbeitswelt und Gesellschaft. Von

Christus her gedacht – er in uns und wir in ihm – fällt es leichter, sich mit dem eigenen Alltag zu identifizieren. Mehr noch, unseren Alltag zu lieben. Ganz einfach deshalb, weil Jesus diese Welt liebt.

WIRF DICH VOLLER DANKBARKEIT UND HINGABE INS LEBEN HINEIN

„Alles, was ihr sagt, und alles, was ihr tut, soll im Namen von Jesus, dem Herrn, geschehen und dankt dabei Gott, dem Vater, durch ihn." (Kolosser 3,17) Unseren Alltag anzunehmen verhilft zur richtigen Herzenshaltung: „Was immer ihr tut, ob ihr esst oder trinkt oder was es auch sei – verhaltet euch so, dass Gott dadurch geehrt wird." (1. Korinther 10,31) Snowboardfahren oder Hochhäuser bauen bekommen damit die gleiche Motivation: die Ehre Gottes.

Den Alltag als Gottesdienst zu feiern, darin stecken noch weitere theologische Aspekte. „Denn alles, was Gott geschaffen hat, ist gut. Wie sollte es da verkehrt sein, etwas zu essen, was wir mit einem Dankgebet von ihm entgegennehmen?" (1. Timotheus 4,4) Wenn Danksagung unseren Rinderbraten oder unsere Kürbissuppe heiligt und wir damit Gott preisen können, gilt das genauso für das Rosenstutzen der Gärtnerin, den Abwasch des Hausmanns, die Programmierung des IT-Spezialisten und das Handballtor der Schülerin.

UNSEREN ALLTAG ZU BEJAHEN IST KEINESFALLS VERWERFLICH, GANZ IM GEGENTEIL

Im Tagtraum von Petrus auf dem Dach stellt Gott absolut klar: „Was ich für rein erklärt habe, das nenne du nicht unrein." Damit bereitet er Petrus darauf vor, ungeachtet seiner Prägung zu den gottlosen Menschen, den Heiden, zu gehen, was nach jüdischem Verständnis der damaligen Zeit immer eine Verunreinigung zur Folge hatte. Diesen kleinen Schalter in Petrus' Kopf umzulegen war dringend nötig, weil er riesige Auswirkungen auf die Verbreitung des Evangeliums hatte.

Was ist mit deiner Prägung? Steht dein Schalter schon auf ‚an'? Wir Christen können uns ‚an der Welt' nicht nur in keiner Weise verunreinigen. Vielmehr ist unser Alltag bereits von Gott gereinigt und geheiligt! Dadurch können wir jederzeit das Gute, das wir von ihm empfangen, in unser Umfeld fließen lassen. Wenn wir vom vollendeten Werk Christi her denken, dann gibt es auch keinen gottlosen oder hoffnungslosen Alltag mehr. Du kannst dich entschlossen hineingeben und genau dort Gottes Gegenwart erleben. Denn Gottesdienst bedeutet auch, die Schwelle zu den Menschen zu überschreiten, die Gott noch nicht kennen.

LERNE, DEINE SPRACHE ANZUPASSEN

Dafür ist es wichtig, unsere Worte näher unter die Lupe zu nehmen. Unsere Sprache hat eine entscheidende Wirkung auf all unsere Lebensbereiche, positiv wie negativ. Jakobus malt die Macht unserer Zunge besonders drastisch vor Augen: „Sie ist nur ein kleines Organ unseres Körpers und kann sich doch damit rühmen, große Dinge zu vollbringen. Wie ist es denn beim Feuer? Ein Funke genügt, um einen ganzen Wald in Brand zu setzen!" (Jakobus 3,5) Deshalb höre dir doch einmal selber zu, wie du über deinen Alltag redest, bevor du anfängst, ihn zu gestalten. Wie sprichst du über deine Arbeit, über die Menschen in deinem Umfeld, über Vorgesetzte und Nachbarn? Erst wenn wir den Wirkungskreis lieben, in den Gott uns hineingestellt hat, haben wir das Recht, ihn zu verändern.

Aus deiner Wortwahl und dem Klang deiner Stimme kannst du dann zuverlässige Rückschlüsse ziehen: „Denn wie der Mensch in seinem Herzen denkt, so redet er." (Lukas 6,45) Deine Sprache offenbart, was in deinem Herzen verborgen ist. Und das widerspricht oftmals dem, was unser Mund ausdrücken möchte. Deshalb bittet David in Psalm 139: „Erforsche mich, Gott, und erkenne, was in meinem Herzen vor sich geht; prüfe mich und erkenne meine Gedanken!" Er wusste offenbar, dass die Gesinnung seines Herzens in Ordnung gebracht werden musste, um wirklich fähig zu sein, das Richtige zu tun.

WIRFST DU MIT STEINEN, MIT POPCORN ODER MIT BLÜTENBLÄTTERN?

Was aber, wenn wir erkennen, dass wir verbal gar nicht so zimperlich sind und manchmal sogar die Steinschleuder auspacken? Dann nimm dir die Zeit, immer wieder Gott dein Herz hinzuhalten und zu sagen: „Herr, nimm das Steinerne aus meinem Herzen und gib' mir ein fleischernes Herz, das lieben kann. Fülle mich neu mit deinem Geist, so dass aus mir ein Mensch nach dem Bilde Christi wird." Genau diese Verwandlung gehört elementar zum Neuen Bund, wie es schon Hesekiel prophezeit: „Und ich will ein neues Herz und einen neuen Geist in euch geben und will das steinerne Herz aus eurem Fleisch wegnehmen und euch ein fleischernes Herz geben. Ich will meinen Geist in euch geben und will solche Leute aus euch machen, die in meinen Geboten wandeln und meine Rechte halten und danach tun." (Hesekiel 36,26-27 LUT)

SCHÖNHEIT UND POTENZIAL ERKENNEN

Während Gott an unseren Herzen arbeitet, können wir diesen Prozess unterstützen: Mit einer erneuerten

Sprache, die unser Herz positiv beeinflusst und es zur Umkehr bringt. Mit der Zeit wird unsere Sprache immer mehr Gottes Wesen widerspiegeln und Einfluss nehmen auf unser Handeln, unseren Körper, unsere Gesundung, unsere Persönlichkeit und unsere Entwicklung. So kommen wir zunehmend in Einklang mit Gottes guten Absichten.

Was siehst du, wenn du dein Umfeld und die Menschen darin anschaust? Siehst du vor allem das Kaputte, Hässliche und Wertlose oder betrachtest du Menschen und Situationen von Gottes Blickwinkel aus? Die Perspektive Gottes einzunehmen bedeutet, deinen Fokus auf das Potenzial, die Schönheit, die Qualität und die Würde eines Menschen zu legen und nicht auf das, was unmittelbar vor Augen ist. Dies dann in Worte zu fassen schafft Reich-Gottes-Realitäten.

> **„DENN WIE DER MENSCH IN SEINEM HERZEN DENKT, SO REDET ER."**

VERSTEHEN & FESTHALTEN

1. Wie ist das mit deinem Schalter im Kopf, was das Umarmen deines Umfelds angeht? Welche Gedanken haben sich durch deine Prägung entwickelt, welche neuen Gedanken willst du einladen?

....

....

....

....

....

....

2. Wähle dir eine der im Text verwendeten Bibelstellen aus, die dich am meisten angesprochen hat! Meditiere darüber, was diese Worte in dir bewegen und was sie für dich und deinen Alltag bedeuten.

....

....

....

....

....

....

....

UMSETZEN & GESTALTEN

1 Höre dir einfach mal selbst zu und nimm wahr, was dein Mund sagt. Was denkst du, bewirken diese Worte in deinem Umfeld?

....

....

....

2 Bitte 2 - 3 Personen, dir zu spiegeln, wie sie deine „Alltagssprache" wahrnehmen.

3 Welche Rückschlüsse kannst du daraus auf deine inneren Überzeugungen und Werte ziehen? (siehe Lukas 6,45)

....

....

....

4 Schreibe einen Liebesbrief an deinen Alltag, in dem du ausdrückst, was du an ihm schätzt.

....

....

....

....

SCHRITT 3

MEINE WELT ERFASSEN

IDENTITÄT ERGREIFEN

By the rivers of Babylon – Where we sat down – And there we wept – When we remembered Zion – How can we sing King Alpha's song – In a strange land?

Boney M., 1978 (Original: Melodians, 1970). Der Titel gehörte lange Zeit zu den meistverkauften Produktionen der deutschen Musikindustrie.

Nachdem wir unseren Wirkungskreis erkannt und ihn von Gott angenommen haben, geht es nun darum, diesen Raum gemäß unseres Standes als Kinder Gottes auszufüllen. Dazu ist es wichtig, die Identität und Autorität zu ergreifen, die uns von Christus her rechtmäßig zusteht.

WAS STEHT UNSERER WAHREN IDENTITÄT ENTGEGEN?

Um das Echte zu ergreifen, müssen wir manchmal das Falsche loslassen, das sich hinter einer ‚Psalm-137-Mentalität' verstecken kann. Dieser Psalm aus der Zeit des Volkes Israel in der babylonischen Gefangenschaft beginnt mit „An den Strömen Babels, da saßen wir und weinten, wenn wir an Zion dachten." Und er endet mit einem dramatischen Herbeisehnen von Gottes Eingreifen. Beide Haltungen können uns gleichermaßen lähmen:

1. Die übersteigerte Sehnsucht nach dem Früheren, genau wie ein ständig nach hinten schauendes Bedauern, lassen uns wehmütig oder schmerzgeplagt an der Vergangenheit festhalten.

2. Ebenso verhält es sich beim passiven Hoffen auf eine bessere Zukunft: Wann kommt Erweckung? Wann kommt der Durchbruch? Wann kommt die Gehaltserhöhung oder der Geschäftsabschluss? Wann bekehrt sich mein Ehepartner? Wann kommt Jesus endlich wieder?

Beide Haltungen können verhindern, dass wir die Hilfe und Lösungen ergreifen, die Gott in jeder Lebenssituation für uns vorbereitet hat und uns geben möchte.

WAS BEDEUTET ES NUN TATSÄCHLICH, SEINEN GEISTLICHEN STAND EINZUNEHMEN?

Die Religion sagt immer: „Jetzt noch nicht und nur, wenn ...!" Das Evangelium dagegen sagt: „Hier und jetzt und heute!"
Deshalb lösen wir uns von jeder ‚Psalm-137-Gesinnung', die verhindert, dass wir unseren Kontext ganz annehmen und gestalten. Oder die zu Enttäuschungen und Anklage führt: „Wann greifst du endlich ein, Gott?" oder „Wer ist schuld an dieser Misere?". Eine solche Haltung führt zur Entfremdung von unserem Wirkungskreis.

Stattdessen ergreifen wir die Haltung von Daniel und seinen Freunden, die sich genau wie ihre ‚Psalm-137-Volksgenossen' auch in babylonischer Gefangenschaft befunden, aber eine andere Schlussfolgerung daraus gezogen haben: „Unsere Umstände sind zwar jetzt neu und fremd, aber das ändert nichts an unserer Herkunft und Identität als Kinder Gottes." Diese Haltung fragt voller Vertrauen und Vorfreude: „Was machen wir daraus, Herr?" Daniel nimmt seinen Stand ein,

- indem er sich dreimal am Tag nach Jerusalem ausrichtet. Nicht als Ausdruck von Religiosität und Gesetzlichkeit, sondern um sich dadurch immer wieder seiner wahren Identität bewusst zu sein.
- indem er überlegt: Was ist für mich die richtige Art, zu leben? Wie die beste Art, mich zu ernähren? Ich nehme nicht von der Speise Babylons, sondern ich esse das, was gesund ist. Im übertragenen Sinne bedeutet das: Ich glaube, dass die Wahrheiten Gottes wichtiger und wirksamer sind als all die Weisheiten dieser Welt.

WIR BRINGEN DEN HIMMEL IN UNSEREN ALLTAG UND UNSEREN ALLTAG IN DEN HIMMEL

Wenn wir wirklich wissen, wer wir ‚in Christus' sind, müssen wir uns nicht mehr von dieser Welt abgrenzen. Es stehen sozusagen die ‚Umrisse' und wir können uns ans ‚Ausmalen' machen. Ich bin mitten im Geschehen dieser Welt, weiß aber um meine andere Positionierung, Identität und Kraft, die in mir ist. Deutlich wird das im Begriff des königlichen Priestertums, der schon im Alten Testament vorkommt, uns aber im neuen Testament eine tiefe Offenbarung unserer Identität gibt.

DAS KÖNIGLICHE PRIESTERTUM

In der christlichen Praxis werden oft Könige und Priester getrennt - Könige sind die Unternehmer, Priester die Pastoren. Das ist aber nirgends in der Bibel zu finden. Vielmehr spricht uns 1. Petrus 2,9 ganz klar zu: „Ihr jedoch seid das von Gott erwählte Volk; ihr seid eine königliche Priesterschaft, eine heilige Nation, ein Volk, das ihm allein gehört und den Auftrag hat, seine großen Taten zu verkünden – die Taten dessen, der euch aus der Finsternis in sein wunderbares Licht gerufen hat." Wir alle sind ein königliches Priestertum, bringen den Himmel in den Alltag und machen den Alltag im Himmel bekannt. Priestertum meint genau genommen: das Eintreten für andere, indem wir die himmlischen Weisheiten und Gedanken auf Erden bekannt machen und den Zustand unseres Alltags im Himmel verkünden, weil das den Himmel aufmerken lässt und in Bewegung bringt.

DIES HAT NUR MIT MEINEM STAND ALS CHRIST ZU TUN UND NICHTS MIT MEINEM ZUSTAND

Es hat auch nichts mit beten oder anderen Werken zu tun. Vielmehr ist es ist eine Haltung, eine Einstellung, das Ergreifen meiner Identität, mit der ich den Himmel repräsentiere. Alles, was der Himmel hat, ist in Christus. Der Reichtum von Christus ist in uns und durch uns präsent, verfügbar, abrufbar und greifbar. Und hat rein gar nichts mit unserer Kompetenz oder Begabung zu tun.

Es ist entscheidend, für uns zu verstehen, dass
- die ganze Kraft des Himmels
- alle Ressourcen des Himmels
- die ganze Wirklichkeit des Himmels

für mich jederzeit verfügbar sind und sich sozusagen in meinem Alltag erdet. Hebräer 4,16 offenbart uns, dass wir allezeit Zugang zu Gott und seiner himmlischen Versorgung haben: „Wir wollen also voll Zuversicht vor den Thron unseres gnädigen Gottes treten, damit er uns sein Erbarmen schenkt und uns seine Gnade erfahren lässt und wir zur rechten Zeit die Hilfe bekommen, die wir brauchen." Deshalb kann ich alle Fragestellungen, Probleme, Sorgen und Nöte vor den Thron Gottes bringen und sagen: „Herr, wir brauchen hier Ideen und Lösungen!" Diese Ideen und Lösungen empfange ich dankend vom Thron Gottes und bringe sie in meinen Alltag. Das meint Paulus, wenn er uns im Korintherbrief als „Botschafter an Christi statt" bezeichnet: „Deshalb treten wir im Auftrag von Christus als seine Gesandten (Botschafter) auf; Gott selbst ist es, der die Menschen durch uns zur Umkehr ruft. Wir bitten im Namen von Christus: Nehmt die Versöhnung an, die

DAS EVANGELIUM SAGT: „HIER UND JETZT UND HEUTE!"

Gott euch anbietet!" Als Botschafter an Christi statt repräsentieren wir das Königreich Gottes. Er hat uns bereits ausgestattet mit der kompletten Bevollmächtigung des Himmels, um unseren Wirkungskreis unserem Status entsprechend zu gestalten. Der Schlüssel zur Aktivierung dieser Bevollmächtigung ist, sie vertrauend zu empfangen und in diesem Bewusstsein zu leben. So viel zu unserer priesterlichen Identität.

WAS ABER IST MIT UNSERER KÖNIGLICHEN IDENTITÄT?
Luther hat uns wieder sehr stark das Priestertum aller Gläubigen ins Bewusstsein gebracht, wodurch er das ganze „Priestertum-Establishment" gegen sich aufgebrachte. Er wollte es sich nicht auch noch mit den weltlichen Herrschern verderben, daher sprach er nicht davon, dass wir auch Könige sind. Die Wahrheit aber ist: Wir sind auch Könige! Und die damit verbundene regierende Kraft in uns verbindet sich mit unserem Gestaltungspotential für genau den Wirkungskreis,

in den wir gestellt sind. Könige entscheiden, herrschen und gestalten. Das bedeutet, wir kommunizieren nicht nur mit dem Himmel, sondern wir gestalten auch aus der himmlischen Vollmacht heraus. Diese uns anvertraute Autorität offenbart Lukas 10,19 und 20 durch folgende Worte von Jesus: „Es ist wahr, ich habe euch Vollmacht gegeben, auf Schlangen und Skorpione zu treten und die ganze Macht des Feindes zu überwinden, und nichts wird euch schaden können. Doch nicht darüber sollt ihr euch freuen, dass euch die Geister gehorchen. Freut euch vielmehr, dass eure Namen im Himmel aufgeschrieben sind." Das heißt, wir herrschen über alle Macht des Feindes, über alle Umstände des Lebens, die uns piesacken, genauso wie über die Situationen, die uns Angst machen. Schlangen und Skorpione stehen ja auch für das Unheimliche, Unberechenbare, Fremde und Verborgene, von dem man nicht weiß, woher es kommt. Und es beißt in die Füße. Übertragen heißt das: Wir haben Autorität über das, was uns am Fortschritt, am Weitergehen und am Gestalten hindern will. Wir widerstehen, wir stehen sogar darüber, und behalten dadurch unsere erneuernde Kraft.

Um nicht von der einen oder anderen Seite vom Pferd zu fallen - was kirchengeschichtlich immer wieder geschehen ist – gilt es, unsere verliehene Autorität ausschließlich nach Jesu Vorbild auszuüben: In einer dienenden Haltung. Matthäus 23,11 erklärt: „Der Größte unter euch soll euer Diener sein." Nur in dieser dienenden Haltung kann unsere Autorität sicher angewendet werden. Ein guter König ist einer, der seinem Volk dient und das Wohl des anderen im Sinn hat. Entsprechend sucht eine dienende Haltung immer das Wohl des anderen. Suchet der Stadt Bestes heißt: Suche das Beste für den Kontext, in den du gestellt bist. Was ist das Beste für meinen Chef, für meine Nachbarn, für meine Kollegen, für meinen Ehepartner und für meine Kinder? Ein dienendes Herz fragt danach - und will auch wirklich die Antwort wissen.

„ICH BIN MITTEN IM GESCHEHEN DIESER WELT, WEISS ABER UM MEINE ANDERE POSITIONIERUNG, IDENTITÄT UND KRAFT, DIE IN MIR IST"

VERSTEHEN & FESTHALTEN

1. Lies Psalm 137 und reflektiere, inwieweit du dich schon von der „Psalm-137-Mentalität" verabschiedet und die gestaltende Reich-Gottes-Identität ergriffen hast?

2. Beschreibe deine Identität in Christus mit eigenen Worten! Wer bist du in ihm in deinem Wirkungskreis?

Wir empfehlen hierzu aus dem Workbook 1 – Als Stadtgestalter leben – den ersten Schritt „Identität" zu lesen bzw. zu wiederholen (u.a. „Was siehst du, wenn du in den Spiegel blickst?")

UMSETZEN & GESTALTEN

1 Inwieweit lebst du in deiner priesterlichen - bzw. deiner königlichen Identität, also in dieser „ganzen Wirklichkeit des Himmels"? Kannst du dich mit beiden identifizieren? Wie wirkt sich das konkret in deinem Alltag aus?

2 Nicht von der Welt abgrenzen, sondern mittendrin sein wie Daniel in Babylon: Was inspiriert dich aus dem Leben Daniels, deinen Stand in deinem Wirkungskreis einzunehmen? Welche Überzeugungen bzw. guten Gewohnheiten helfen dir dabei?

SCHRITT 4

MEINE WELT ERFASSEN

NOT VERSTEHEN

Unser Wirkungskreis, den wir gestalten wollen, ist uns inzwischen bewusst. Jetzt werden wir uns Zeit nehmen, genauer hinzuschauen und ganz Ohr für ihn zu sein. Wahrnehmen und nicht gleich werten ist hier die Devise. Wenn wir vorschnell urteilen – „Ach, die böse Welt!", „Es ist alles so schwierig!" oder auch „Ist das alles toll hier!" - dann verpassen wir es, einfach mal den Ist-Zustand unserer Welt ohne Filter wahrzunehmen und tief in uns aufzusaugen. Vielleicht möchte unsere Welt uns schon lange etwas sagen, ohne eine vorschnelle Diagnose aufgebrummt zu bekommen.

Auch hier nimmt uns Jesus an die Hand und zeigt uns, wie er sich seiner eigenen Welt bewusst wurde: „Jesus zog durch alle Städte und Dörfer jener Gegend. Er lehrte in den Synagogen, verkündete die Botschaft vom Reich Gottes und heilte alle Kranken und Leidenden.

Als er die Scharen von Menschen sah, ergriff ihn tiefes Mitgefühl; denn sie waren erschöpft und hilflos wie Schafe, die keinen Hirten haben". (Matthäus 9,35-37) Jesus ist mittendrin in seiner Welt und nimmt tief in sich auf, was um ihn herum vor sich geht.

WIE GEHT ES DEN MENSCHEN IN DEINER WELT WIRKLICH?

Schau genauer hin, lass deinen Wirkungskreis zu dir sprechen – vielleicht ruft er schon laut oder ist bereits verstummt. Fühle, was er fühlt. Nimm ihn mit allen Sinnen wahr. Vielleicht erkennst du dabei auch, was er ‚nicht riechen kann' und was ihm so ganz und gar ‚nicht schmeckt'. Der Schlüssel für Veränderung ist, zunächst ganz tief den Ist-Zustand zu erfassen, ohne das Wahrgenommene gleich in unsere Ablagekörbchen im Gehirn zu sortieren, auf denen steht „kenne ich schon", „weiß ich schon" oder „lass mich bloß damit in Ruhe".

In unserer Bibelstelle geht Jesus durch die Städte. Sein Alltag heißt lehren und heilen. Doch dann ist Jesus angetriggert, weil er immer wieder auf ähnliche Symptome, Krankheitsbilder und Fragestellungen trifft. Die Menschen in seinem Umfeld haben alle etwas gemeinsam: Sie sind erschöpft und hilflos. Jesus nimmt sich kurz aus dem Trubel heraus und begibt sich auf die Meta-Ebene. Dort erkennt er die eigentliche Systematik, das Problem dahinter: Es fehlt jemand, der den Menschen hilft und ihnen Orientierung gibt - der gute Hirte.

HINSCHAUEN

Mit Jesus hinzuschauen bedeutet, etwas offenbar zu machen, aber immer mit dem wohlwollenden, gnädigen Blick des Vaters.

Wir kennen es von unserem eigenen Alltag in der Firma oder bei der Kindererziehung. Wir stoßen auf bestimmte Symptome, wie andauernde Sticheleien zwischen der Abteilungsleiterin und ihrem Produktmanager oder die gravierenden Schlafstörungen des achtjährigen Sohnes. Wir spüren, dass wir dringend darüber nachdenken sollten, nehmen uns aber oftmals nicht die Zeit dafür, weil der schnelle Schritt des Alltags uns wenig Zeit zum Durchatmen lässt. Was aber erkennst du, wenn du bei deinem Wirkungskreis auf die Meta-Ebene gehst? Und was bedeutet das für deine Familie, dein Team, dein Büro, deine Firma, deine Straße, dein Wohngebiet, deinen Freundeskreis oder Sportclub? Wie genau kommen wir zu einer Zustandsbeschreibung, um die uns anvertraute Welt zu erfassen?

3 ARTEN ZU SEHEN:

1. **Der analytische Blick:** Was besagen die Fakten, Zahlen, Statistiken und Berichte?

2. **Persönliche Beobachtungen:** Wenn du selbst genauer hinschaust, was fällt dir auf? Was berührt oder erschreckt dich, auch im persönlichen Gespräch mit anderen? Ist der Umgangston vielleicht derart rau, dass er eine Atmosphäre der Einschüchterung schafft?

3. **Der prophetische Blick:** Weil der Mensch nur sieht, was vor Augen ist, Gott dagegen das Herz ansieht (vgl. 1. Samuel 16,7), brauchen wir zusätzlich den prophetischen, d. h. den geistlichen Blick auf Personen und Situationen. Was fällt dir auf, wenn du gemeinsam mit Jesus tiefer hinschaust - in die Herzen hinein, unter den Teppich und hinter die Kulissen? Dabei ist es wichtig, dass wir unsere Haltung mit der

von Jesus in Einklang bringen, die voller Erbarmen ist. Als Jesus angesichts der Volksmenge tiefes Mitgefühl „ergreift", lässt er zu, dass er das Herz seines Vaters im Himmel über die verlorene Menschenmenge spürt, was ihn absolut überwältigt. Er nimmt die Sicht Gottes derart in sich auf, dass er am Zustand der Menschen um sich herum selbst physisch und psychisch leidet. Jesus erkennt nun das Ausmaß, wie weit sie vom Schöpfungszustand und ihrem eigentlichen Potenzial entfernt sind. Der Ist-Zustand dieser Menschen spiegelt in keiner Weise wider, wie gut Gott es sich für jeden Einzelnen ursprünglich vorgestellt hat.

Was bewegt dich, welche Gedanken kommen dir in den Sinn, wenn du aus der Gemeinschaft mit Christus heraus deine Welt ansiehst? Ganz sicher werden das Impulse sein, die wir mit unserer menschlichen Natur nicht erfassen können. Der Heilige Geist schenkt uns einen Röntgen-Blick, um uns geistlich sehend zu machen. Mit diesem kommt das Skelett des Zustands unserer Welt zum Vorschein, was bisweilen verstörend sein kann. Vielleicht auch der Tumor an der Lunge oder ein gebrochenes Bein. Wir erkennen nun, was den Schmerz verursacht. Doch dieser von Gott geleitete Blick ist niemals verurteilend, verdammend und damit zerstörerisch. Vielmehr ist die Haltung des Heiligen Geistes immer zugunsten der Menschen und ihnen liebevoll zugewandt. Wichtig ist auch hier, nicht zu schnell zu (be-)werten, stattdessen nur wahrzunehmen, was Gottes Geist in dir bewegt.

3 ARTEN ZU FRAGEN:

Betrachte nun deinen Wirkungskreis mithilfe der ‚3 Arten zu sehen' und stell dir die folgenden 3 Fragen. Was nimmst du dabei wahr?

1 **Die spirituelle Frage** interessiert sich für die Gottesnähe bzw. Gottesferne der Menschen deines Wirkungskreises. Wie ist ihre Beziehung zu Gott? Sind sie hoffnungsvoll, areligiös oder widerstrebend? Ist da eine Sehnsucht nach Gott, sind sie traditionsverhaftet, fromm …?

2 **Die soziale Frage** lautet: Wo ist der Schmerz der Menschen? Christus sieht immer die Not hinter den Symptomen. Er ist gekommen für die Kranken, die Gesunden brauchen den Arzt nicht. Jesus verurteilt nicht, sondern erkennt mitfühlend ihren Mangel.

3 **Die systemische Frage** untersucht: Gibt es eine grundsätzliche, systemische Zerbrochenheit in deiner Welt? Was sind die subtilen oder auch grundsätzlichen Fehlentwicklungen? Dazu

ein Beispiel aus unserer Gesellschaft: Aus der systemischen Zerbrochenheit von Familien heraus entstehen viele weitere Probleme: Vereinsamung, emotionale Wunden, Unsicherheit bei der Kindererziehung etc. Viele soziale Nöte (Symptome) wurzeln in einem grundlegenden Missstand (Krankheit) unserer Gesellschaft. Das Grundproblem darunter aber ist dasselbe wie bei Jesus: Es sind Menschen, die keinen Hirten haben (Ursache). Das führt zu Hilflosigkeit und Erschöpfung. Und daraus wiederum resultiert soziale Not, ein falsches Verständnis vom Evangelium oder vielleicht sogar Gottesferne.

Es gibt also eine systemische Not, aus der heraus sich andere Dinge fehlentwickeln. Weil der Heilige Geist die tieferliegenden Probleme benennt, müssen wir nicht nur Symptome bekämpfen, sondern können das Problem an der Wurzel packen, indem wir in diese Situation Glaube, Liebe und Hoffnung hineinbringen.

SEGENSLINIEN UND POTENZIAL ERKENNEN

Bleiben wir bei unserer Bibelstelle in Matthäus 9. In Vers 38 sagt Jesus zu seinen Jüngern: „Die Ernte ist groß, doch es sind nur wenig Arbeiter da. Bittet deshalb den Herrn der Ernte, dass er Arbeiter auf sein Erntefeld schickt!" Jesus trommelt seine

Jünger zusammen und teilt seine prophetische Erkenntnis mit ihnen. Noch immer ist er in der Phase der Untersuchung und nicht der Therapie. Erst in Kapitel 10 sendet er die Jünger mit einem konkreten Auftrag aus. Jesu Analyse erfasst zunächst nur das Potenzial seiner Volksmenge in Form der ‚reifen Ernte'. Das bedeutet: Bevor du jetzt losläufst und alles geschehen lassen möchtest, nimm dir die Zeit, damit Gott dir das Potenzial deiner Welt zeigen kann.

Wie würde deine Welt aussehen, wenn sie gereift wäre, also gute Frucht hervorbringen würde? Wie, wenn die beste Version von ihr sichtbar wäre? Ernte bedeutet Reife, Wirksamkeit, Frucht, Qualität und Leben. Die Ernte ist reif! Damit offenbart Jesus seine hoffnungsvolle, sehr perspektivische Sicht auf die doch von Mangel gezeichnete Menschenmenge. Wo liegt das Potenzial deiner Welt in Bezug auf das, was Gott wichtig ist? Jesus sagt: „Denn im Reich Gottes geht es nicht um Fragen des Essens und Trinkens, sondern um das, was der Heilige Geist bewirkt: Gerechtigkeit, Frieden und Freude. Wer Christus auf diese Weise dient, an dem hat Gott Freude, und er ist auch in den Augen der Menschen glaubwürdig. Darum wollen wir uns mit allen Kräften um das bemühen, was zum Frieden beiträgt und wodurch wir uns gegenseitig im Glauben fördern." (Römer 14,17-19)

WAS WÄRE WENN ...

Was wäre, wenn deine Welt nach der Frucht ‚Gerechtigkeit', ‚Friede' und 'Freude' schmecken würde? Wie sähen dein Freundeskreis, deine Arbeitsstätte, etc. aus, wenn das Reich Gottes dort seine Kraft entfaltete? Oder wie Jesus in Lukas 4,18 verkündet: „Der Geist des Herrn ruht auf mir, denn der Herr hat mich gesalbt. Er hat mich gesandt mit dem Auftrag, den Armen gute Botschaft zu bringen, den Gefangenen zu verkünden, dass sie frei sein sollen und den Blinden, dass sie sehen werden, den Unterdrückten die Freiheit zu bringen und ein Jahr der Gnade des Herrn auszurufen." Auch in dieser Stelle kommt die Reich-Gottes-Kraft zum Vorschein, die in mir lebt und herausdrängt. Einfach nur deshalb, weil Jesus in mir lebt und ich in ihm und ich mir dessen bewusst bin.

Was wäre beispielsweise die Frucht eines Unternehmens, in dem das Reich Gottes seine Wirkung entfaltet?

1. Wirtschaftlicher Mangel wäre überwunden - bei Gesellschaftern, Kunden, Mitarbeitern, Lieferanten etc.
2. Das Unternehmen wäre ein lebendiger Organismus, d. h. jeder wüsste, wer er ist, was er kann und brächte sich mit ganzem Herzen ein. Jeder wäre aber auch fähig, sich zurückzunehmen und im Ernstfall übernähme

einer die Funktion des anderen. Ein Organismus, orientiert am Leib Christi.

3 Die Atmosphäre wäre geprägt von einem positiven, hoffnungsvollen, freiheitlichen Geist. Es gäbe weniger die Mentalität der Zerstörung und viel mehr die Lebensart Christi, des Lebens.

4 Ich würde übernatürliche Wirkungen sehen, die die menschlichen Grenzen erweiterten.

5 Ich würde sehen, dass negative Einflüsse überwunden werden. Das würde dazu führen, dass immer mehr Menschen Jesus die Ehre geben und ihm nachfolgen.

Jeder Kontext verfügt über Segenslinien, d. h. über spezielle, Gott geschenkte Möglichkeiten und Potenziale, die vielleicht noch gebunden sind und sich deshalb nicht frei entfalten können. Ernte bedeutet auch, die Goldminen unseres Kontexts zu finden, damit sein Schatz geborgen und sein volles Potenzial zur Entfaltung kommen kann; zum Nutzen der Gesellschaft, zur Freude der Menschen und zum Lobpreis Gottes.

SCHAU GENAUER HIN UND HÖR ZU. LASS DEINEN WIRKUNGSKREIS ZU DIR SPRECHEN: „WIE WÜRDE DEINE WELT AUSSEHEN, WENN SIE GEREIFT WÄRE, ALSO GUTE FRUCHT HERVORBRINGEN WÜRDE?"

VERSTEHEN & FESTHALTEN

1. Notiere dir die Gedanken, die dir spontan kommen, wenn du deinen Wirkungskreis betrachtest! Wie ist deine „Sicht der Dinge"?

....

....

....

....

2. Nimm dir nun Zeit, mit den beschriebenen drei Arten zu sehen und deinem Wirkungskreis die drei Fragen zu stellen! Was möchtest du dazu festhalten?

....

....

....

....

3. Sei kreativ! Wenn die beste Version deiner Welt sichtbar wäre, wie würde sie aussehen?

....

....

....

....

UMSETZEN & GESTALTEN

1. Welche Goldminen hast du in deinem Wirkungskreis entdeckt? Wie könnten diese Schätze und ihr Potenzial geborgen werden? Welchen Einfluss kannst du konkret darauf nehmen?

....

....

....

....

....

2. Tausche dich mit 1 - 2 anderen Personen aus deinem Wirkungskreis über einen konkreten Handlungsschritt aus, der eine reife Frucht (Gerechtigkeit, Friede, Freude) hervorbringen bzw. fördern kann?

....

....

....

....

....

....

MEINE WELT ERFASSEN

EXKURS

GEBET FÜR DEINE STADT

TEIL 1

WARUM FÜR EINE GANZE STADT BETEN?

Ist Gott nicht vielmehr interessiert an Einzelpersonen? An der Krankheit der Nachbarin, der Not einer Flüchtlingsfamilie aus Syrien? Oder, wenn wir schon größer denken, an unseren Kirchen und freikirchlichen Gemeinden. Gibt es da nicht schon genügend Gebetsanliegen?

Gott ist bewegt von einer Stadt mit 120.000 Einwohnern, die auf seiner Gerechtigkeitsskala ganz unten angesiedelt ist: Ninive. Er mobilisiert einen guten Mann, um diese Stadt zur Umkehr zu rufen – und sein Ruf wird gehört. Wie unerhört barmherzig unser Gott doch ist! Während der Bote noch mit der Frage ringt, warum Gott einer solchen Stadt diese unverdiente Perspektive eröffnet, fordert Gott ihn heraus. Er offenbart ihm seinen Herzschlag für Städte: „… und mich sollte nicht jammern Ninive, eine so große Stadt, in der mehr als hundertzwanzigtausend Menschen sind, die nicht wissen, was rechts oder links ist, dazu auch viele Tiere?" (Jona 4,11 LUT) Mit diesem Satz endet das biblische Buch Jona und beginnt die Frage nach unserem Gebet für Städte in Europa im 21. Jahrhundert. Gottes Herz ist heute noch genauso bewegt über unsere gottlosen Städte und Nationen wie über Ninive. Glaubst du, dass durch das Gebet von 10, 20 oder 200 Menschen gravierende Veränderung in deine Stadt kommen kann?

DENKT GOTT GAR NICHT SO IN EINZELPERSONEN, WIE WIR ES HEUTE TUN?

Individualistisches Denken und Leben ist ein ziemlich modernes Konzept, auf die Spitze getrieben in den letzten Jahrzehnten unserer kapitalistischen Gesellschaft. Gott dagegen redet und handelt sehr stark im

Kontext von Familienstämmen, Städten und Regionen. Viele Bibelstellen des Alten Testaments sind für uns zwar persönlich anwendbar, aber ursprünglich an Gottes Volk gerichtet. Auch adressiert Gott die Sendschreiben der Offenbarung an Städte und greift dabei ihre Geographie und wirtschaftliche Situation auf (z. B. Augensalbe- und Textilindustrie). In der Bibel gibt es viel mehr prophetische Worte für Städte als für Einzelpersonen. In unserer christlichen Praxis prophezeien wir dagegen mehr über Einzelpersonen. Das ist zwar hilfreich für den Einzelnen. Aber Gott hat auch einen Plan, wie er Städte und Regionen gewinnen will, sogar einen ganzen Kontinent: „Europe shall be saved", Europa soll errettet werden, heißt der Slogan einer geistlichen Aufbruch-Bewegung.

Schon seit vielen Jahrhunderten ist Deutschland ein Land von Betern und Gebetsbewegungen: Gebetsorden, Klöster mit dem Schwerpunkt ‚Anbetung Gottes' und die Herrnhuter Gebets- und Missionsbewegung. Als Beispiel für neuere Bewegungen hat ‚Fürbitte für Deutschland' Tausende von Christen gerufen, Verantwortung für ihr Land auf politischer Ebene zu übernehmen. Es folgten u. a. der ‚Wächterruf' bis hin zu den Gebetshäusern, die aktuell in vielen Städten gegründet werden. Große geschichtliche Entwicklungen wie die Wiedervereinigung, der soziale Friede und wirtschaftlicher Wohlstand in unserem Land wären ohne die Gnade Gottes und anhaltende Fürbitte wohl nicht Wirklichkeit geworden.

GOTT HAT BESONDERE ZEITPUNKTE UND -RÄUME FESTGELEGT: DIE ‚KAIROS'-MOMENTE

Um Ermüdung und Ernüchterung sowohl im persönlichen Leben als auch bei der Transformation einer Stadt oder Nation zu vermeiden, ist es wichtig, die Zeiten zu erkennen. Noch vor seiner offiziellen Königsherrschaft rekrutierte David ein Heer und wählte dazu Männer aus allen Stämmen Israels aus. Teil dieses Heeres waren auch 200 Männer, die in der Lage waren, die Zeiten zu beurteilen: „… aus Issachar, das erkannte und wusste, was Israel zu jeder Zeit tun sollte, kamen 200 Hauptleute, und alle ihre Brüder folgten ihrem Befehl; von Sebulon wehrfähige Männer, zum Kampf gerüstet mit allerlei Waffen, 50000, David einmütig zu helfen", lesen wir in 1. Chronik 12,33f. Diese Männer mit der Fähigkeit, die Zeiten zu erkennen, waren nur 200 von 120.000 Kriegern! Natürlich braucht es Krieger zum Kampf, aber man benötigt genauso Menschen, die Gottes besondere Momente und Zeiträume erfassen können. Denn: „Wo man nicht mit Vernunft handelt, da geht es nicht gut zu; und wer hastig läuft, der tritt fehl." (Sprüche 19,2 LUT)

WENDEPUNKTE

Auch in deinem Leben gibt es besondere, von Gott bestimmte Zeitpunkte und Zeitfenster, die du nicht verpassen solltest. Dasselbe gilt für Städte, Regionen und Nationen. Leben wir in der geistlichen Stunde, um vor allem Leiter zu sammeln, das Land ganz neu mit dem Evangelium bekannt zu machen oder was offenbart uns Gott gerade jetzt? Das griechische Wort ‚Kairos' beschreibt ein geniales biblisches Phänomen: einen entscheidenden Zeitpunkt, in dem das Gute vorangebracht werden soll, das Gott geplant hat. Ähnliches finden wir in der Filmdramaturgie: Dort gibt es die sogenannten Plot Points, jene Wendepunkte, die der Handlung eine neue Richtung geben auf dem Weg zur Lösung des zentralen Problems der Hauptfigur. Sie geben der Geschichte neuen Schwung.

Gott ist der Schöpfer der gesamten Zeit und in diese hat er spezifische Zeitpunkte gesetzt. Sie zu erkennen ist unerlässlich, um geistliche Durchbrüche zu erlangen. ‚Kairos' meint zwar eine qualifizierte, bestimmte Zeit, bei der es sich aber auch um Monate oder Jahre handeln kann. Jesus spricht vom zentralsten aller ‚Kairos'-Momente in Markus 1,15: „Die Zeit ist erfüllt, und das Reich Gottes ist nahe herbeigekommen. Und legt noch die angemessene Reaktion darauf nach: „Tut Buße und glaubt an das Evangelium!"

ES IST NICHT IMMER FÜR ALLES DER RICHTIGE ZEITPUNKT

Beispielsweise gibt es Zeiten des Säens und Zeiten des Erntens. Durch die Aktion ‚vom Minus zum Plus' wurde 1994 in einer einzigartigen Weise die rettende Botschaft von Jesus Christus in jeden Haushalt Deutschlands gebracht. Wer damals den Erfolg an der unmittelbaren ‚Ernte' ermessen wollte, wurde enttäuscht. Denn es war erst die Zeit des Säens. Gott selbst informiert seine Kinder, in welcher Stunde sie gerade leben: „Gott der HERR tut nichts, er offenbarte denn seinen Ratschluss seinen Knechten, den Propheten." (Amos 3,7) Leben wir heute in der Zeit der Ernte? Es sieht alles danach aus.

Wie erkannte Jesus die Zeiten? Er sprach mit seinem Vater, tat alles, was er den Vater tun sah und kannte seinen Willen. Oft war es der allgemeine Wille Gottes, den auch wir durch das Lesen seines Wortes und das Gespräch mit ihm erkennen können. Manche Bibelstellen zeigen aber auch, dass Jesus die spezifischen ‚Kairos'-Zeitpunkte kannte. In Johannes 7,8 sagt er zu seinen Jüngern: „Geht ihr nur hinauf zum Fest. Ich komme jetzt nicht; für mich ist die Zeit noch nicht da." Oder bei Lazarus – hier kam er scheinbar zu spät; aber dennoch war Jesus exakt in Gottes Zeitplan. Propheten, die Gottes Zeitpunkte erkennen und Apostel, die das Volk

Gottes sammeln und formieren, gehören an die Spitze der Bewegung zur Transformation von Dörfern, Städten, Regionen und Nationen.

WAS LIEGT GOTT AUF DEM HERZEN FÜR DEINE STADT

Vielleicht dürfen wir zunächst erkennen, dass Gott genaue Vorstellungen vom Leben hat. Auch von deinem Leben. Gott will etwas Bestimmtes – für dich, für deine Familie, für deine Stadt und jede Nation. Gottes zentrales Anliegen ist aber: „Er will, dass alle Menschen gerettet werden und dass sie die Wahrheit erkennen." (1. Timotheus 2,4.) Wie soll das geschehen? In Christus ist uns „alle Macht im Himmel und auf der Erde gegeben". Mit diesem Wissen fordert er uns auf: „Darum geht zu allen Völkern und macht die Menschen zu meinen Jüngern; tauft sie auf den Namen des Vaters, des Sohnes und des Heiligen Geistes und lehrt sie, alles zu befolgen, was ich euch geboten habe. Und seid gewiss: Ich bin jeden Tag bei euch, bis zum Ende der Welt." (Matthäus 28,18-20) Das Gebet für unsere Stadt bereitet diesen ‚Sendungsauftrag' vor und ist in der Erntearbeit genauso wichtig, damit Gottes Pläne ans Ziel kommen.

WIR LASSEN UNS GANZ AUF GOTTES KULTUR EIN

Wenn wir um das Kommen des Reiches Gottes bitten, dann sprechen wir die Möglichkeiten Gottes in unser postmodernes Europa. Wir sind in der Welt, aber nicht von der Welt. Wir leben gerne in München, Bern, Rostock oder Kassel, müssen uns aber nicht bestimmen lassen von der Kultur dieser Städte. Stattdessen lernen wir neue ungeschriebene Gesetze: Liebe statt Hass, Gnade statt Leistung, Großzügigkeit statt Gier, Selbstverleugnung statt Selbstverwirklichung, Genügsamkeit statt Konsum, Demut statt Stolz.

Das Reich Gottes steht im krassen Gegensatz zur humanistisch-materialistischen Kultur im Europa des 21. Jahrhunderts. Es unterwirft sich niemals dem Zeitgeist und passt sich ihm nicht an. Die Reich Gottes-Kultur will von uns entdeckt werden, erbeten und gelebt. Wichtige Grundlagen des Reiches Gottes sind „das, was der Heilige Geist bewirkt: Gerechtigkeit, Frieden und Freude." (Römer 14,17) Diese Kultur hat mit dem König aller Könige zu tun, mit seinem Wesen, und nichts mit meinen Wünschen, Gefühlen oder Prägungen. Kennst du Gott bereits als Vater? Kennst du seine vielen Namen in der Bibel, die die wundervollen Facetten seines Wesens offenbaren? Gott möchte, dass unsere Gebete zunehmend von Vertrauen geprägt sind, weil wir ihn und sein Wort kennen.

EXKURS

GEBET FÜR DEINE STADT

TEIL 2

PRAKTISCHE ANLEITUNG FÜR DAS STADT-GEBET:

1. **Lass dir von Gott eine Liebe zu deiner Stadt oder Region schenken**

Gottes Erbarmen ist real. Er ist bereit, Städten ihre Sünden zu vergeben. Die Schuldbekenntnisse nach dem 2. Weltkrieg haben unser Land in den Stand versetzt, dass die Gnade Gottes wirksam werden konnte. Es kam zur Wiedervereinigung und längst können wir anderen Nationen helfen. Frage dich einmal selbst: Wie spreche ich über meine Stadt? Du kannst nur verändern, was du liebst. Vielleicht ist es Zeit, dich (neu) in deine Stadt zu verlieben? Nicht nur in die Schlossallee, auch in die Turm- oder Bahnhofstraße. Wer liebt, interessiert sich – auch für die Geschichte und die Menschen. Entdecke die schönen Seiten deiner Stadt, genauso wie ihre Verlorenheit, ihren Schmerz, ihre Zerbrochenheit – und ihre Seele.

WAS IST DIE SEELE EINER STADT?

So wie man bei einer Stadt von einem physischen Körper sprechen kann - die ‚Stadtmauern' oder Außengrenzen ihre Haut, die Straßen ihre Blutgefäße, die Innenstadt ihr Herz – zeigt sich die Seele einer Stadt in dem, was sie erlebt hat und wie der heutige Zustand ihres Stadtlebens ist. „Eine Stadt wächst und verändert sich körperlich und seelisch wie ein lebendiger Organismus", so Natascha Küderli. Nach Überzeugung der Künstlerin und Architektin, die sich diesem Thema eingehend gewidmet hat, erschließt sich die Seele einer Stadt durch ihre Menschen mit ihren positiven und negativen Erlebnissen. Offenbar gemacht durch Spuren im öffentlichen Raum: Einschusslöcher an Häusern, Ruinen von Gebäuden,

Statuen, Plätze und Gedenkstätten. Erlebtes können Orte aber auch prägen, selbst wenn nicht offensichtlich zu erkennen sei, was dort passiert oder den Menschen widerfahren ist. Ein gutes Beispiel: Der Geschwister-Scholl-Platz in München, an dem die Geschwister Scholl einst ihre Flugblätter verteilt haben und der heute gleichermaßen für großes Leid und Heldentum steht. Was hat deine Stadt erlebt? Wie geht es ihrer Seele heute? Danke Gott dafür, dass du genau in dieser Stadt leben darfst, segne sie und empfange seine Perspektive für deine geheilte und lebenswerte Stadt.

2 Finde Bibelworte oder Parabeln, die die Perspektive Gottes für deine Stadt beschreiben

Die Bibel spricht Städte immer wieder direkt an: Micha 5,1 ermutigt Bethlehem, dass sie trotz ihrer bescheidenen Ausmaße eine bedeutende Stadt in Juda sei. Matthäus 11,20-24 fordert Städte auf, Buße zu tun. Entsprechend behandeln Beter in München ihre Stadt wie eine Person. Gott offenbarte ihnen das Bild einer älteren Dame mit fetten Klunkern. Schamvoll lag sie auf dem Boden und war nun im Prozess, sich zu erheben. Sie sprachen den Wind der Jugend über ihr aus, neue Kraft und auch, dass sie ein Segen für andere Städte und Nationen sein werde. Daraufhin wandelte sich das Bild über die ‚Person München' und die Beter sahen nun im Geist eine energiegeladene Frau im feuerroten Kleid, die sich tanzend fortbewegte. Bei den monatlichen, überkonfessionellen Gebetstagen für München, die unten näher beschrieben werden, schlossen sich Menschen jeden Alters zusammen, um für ein geistliches Erwachen ihrer Stadt zu beten. Sie standen auch dafür ein, dass München seinen Reichtum – seine ‚fetten Klunker' – zum Wohl der Armen und Schwachen einsetzen werde. So kann ein prophetisches Bild eine Leitlinie für eine bestimmte Phase im Stadt-Gebet werden.

3 Bete für deine Stadt, dass sie bereit ist für den ‚Kairos'-Moment (vgl. Lukas 19,44)

So wie Helmut Kohl über die Wiedervereinigung Deutschlands 1989 sagte, dass er nur zupacken musste, als der Mantel der Geschichte durch unser Land wehte, so braucht es vorbereitete und zupackende Christen für die Zeitpunkte Gottes in einer Stadt. Das Beste für deinen Wohnort ist, wenn du diese himmlischen Momente nicht verpasst.

Krisen können solche Kairos-Momente sein. Plötzlich wird der Schmerz und die Zerbrochenheit besonders sichtbar – im Gesundheitswesen, in den Schulen, im sozialen Miteinander. Als Stadtreformer unterstützen wir dann strategisch Verantwortliche in den betroffenen Gesellschaftsbereichen oder konkreten

Wirkungskreisen. Gebet und praktisches Handeln gehen dabei Hand in Hand.

4 Finde strategische Offenbarungen

Solche Schlüssel können eine Stadt beispielsweise für Frieden oder das Evangelium öffnen. Manchmal gilt es zunächst herauszufinden, warum sich eine Stadt dafür verschlossen hat? Oder was ihre Seele betrübt hat und was es braucht, damit sie wieder aufblüht?

Impulsgeber für diese Schlüssel sind u. a.
- Aktuelle Berichterstattung der Medien
- ‚Hörendes Gebet'
- Geschichte einer Stadt/Region

Für letzteres lohnt es sich, historische Quellen zu durchforschen und einen genaueren Blick auf die Stadtgeschichte zu werfen. (Siehe Kapitel 4 in diesem Buch)

Hilfreiche Informationen für Stadt-Beter sind u. a.
- Die Entstehungs- und Gründungszeit: Wer ist der ‚Vater' oder die ‚Mutter' der Stadt?
- Welche Segenszeiten und Katastrophen hat sie erlebt? Gibt es offene Wunden?
- Welche (falschen) Bündnisse wurden geschlossen?
- Was ist die Berufung der Stadt oder Region? Welche Verheißungen gibt es, die man über ihr ausrufen kann?
- Worüber berichten die Medien positiv aus deiner Stadt/Region? Was sind ihre Stärken? Kulturhauptstadt, Modellprojekte im Wohnungsbau, Innovations-Zentrum etc.

Die Gebete für deine Stadt oder Region werden sich schließlich im Sichtbaren zeigen. Darüber z. B. in der Zeitung zu lesen, ist eine große Ermutigung für jeden Beter.

5 Strategisches Stadt-Gebet am Beispiel von München

In München formierte sich 2015 eine neue überkonfessionelle Gebetsbewegung. Gott hatte gezeigt, dass die Beter 13 Mal um ihre Stadt ‚herumgehen' sollten. Sie erkannten, dass das zeitlich gemeint war und beteten 13 Monate lang an je einem Tag im Monat für ganze 24 Stunden. Mit Fürbitte, Lobpreis und prophetischen Eindrücken deckten sie in dieser Zeit die 8 Sphären der Gesellschaft ab: **Bildung und Erziehung, Kunst und Kultur, Medien und Technologie, Sport und Freizeit, Soziales und Gesundheit, Wirtschaft und Finanzen, Politik und Staat, Glaube und Spiritualität.** Für jeden Bereich war ein Gebetsleiter zuständig, der beruflich in diesem Bereich tätig war oder dafür eine Berufung hatte.

Es trafen sich kleine Gebetsgruppen zwischen drei und zehn Personen. Ein Gebetsprotokoll erinnerte sie daran, was sie zu welcher Zeit bereits gebetet hatten. Auch Impulse, wie Bibelstellen, hielten sie schriftlich fest, damit sie beim nächsten Mal direkt daran anknüpfen konnten. Eine Gebetskonferenz schloss am Ende der 13 Monate diese Form des Stadtgebets ab. Während dieser Phase erkannten die Beter:

DIE VIER HAUPTTHEMEN VON MÜNCHEN

Die Beter identifizierten sich mit ihrer Stadt, indem sie ‚ihre' Vergehen und Sünden benannten und vor Gott brachten. Im Anschluss sprachen sie die vergebende und heilende Wirkung des Kreuzes über ihr aus, genauso wie die eigentlichen Absichten Gottes für München: Demut statt Stolz, Herzens-Beziehungen statt Spezl-Wirtschaft, Liebe zu Israel statt Juden-Hass, Bewegung und Leben statt Veränderungsresistenz. In der anschließenden öffentlichen Konferenz wurde eine neue Zeit ausgerufen. Wenn auf der geistlichen Ebene Negatives beseitigt ist, können sich Gottes Pläne für eine Stadt ganz neu entfalten. Manchmal hilft auch eine biblische Parabel als Strategie für eine Stadt. Im Anschluss an diese 13 Monate ging die Gebetsbewegung daher über zur:

NEHEMIA-STRATEGIE

Phase 1) Weinen, fasten und beten über den Zustand der Stadt

Phase 2) ‚Kundschafterdienste', die den Zustand der Stadt genau analysierten: Die vier Arbeitsgruppen unter den Überschriften ‚Glaube', ‚Liebe', ‚Hoffnung' und ‚Brücke München-Jerusalem' beschäftigten sich mit der Verlorenheit, dem Schmerz und der Zerbrochenheit der Stadt. Dafür trugen sie viele Fakten, Zahlen und Daten zusammen, z. B. Statistiken wie der ‚Armutsbericht' der Stadt München.

Gott hob zwei sozial schwache Stadtteile (Neuperlach und Hasenbergl) hervor, bei denen die Beter erkannten, dass sie sie gesondert behandeln sollten. Nachforschungen ergaben, dass Hasenbergl keine einzige Freikirche hatte. Gebetsrunden in den beiden, von Gott doch so geliebten Stadtteilen folgten. Bald schon ergab sich die Chance einer Zusammenarbeit mit zwei Verantwortungsträgern vor Ort, für die die Beter von nun an einstanden: Mit der Leiterin einer katholischen, sozialen Einrichtung, die sich um die Schwächsten der Schwachen kümmert, darunter viele Kinder, und mit einem von nur zwei Kinder- und Jugendärzten am Hasenbergl, die zusammen über 8000 Kinder versorgen. Zum Vergleich: Nebenan in Schwabing gibt es für weniger Kinder 13 Kassenärzte und viele private Kinderarztpraxen. In der Praxis dieses Kinderarztes machten die Stadtbeter

von nun an regelmäßig Fürbitte. Ganz praktisch wurde die Hilfe, als sie die Leiterin der sozialen Einrichtung mit dem Arzt bekannt machten. Es war die Hilfe in der Not, denn ohne eine medizinische Untersuchung hätten viele Kinder des Viertels in der Corona-Krise 2020 nicht in die Notbetreuung aufgenommen werden können. Ein schönes Beispiel, wie ein Stadt-Gebet konkret werden kann. Es fängt eben immer mit der Liebe zu den Menschen an und hört mit ihr auf.

Phase 3) In Einheit die Stadt aufbauen - wie gelingt das? Die nächste Phase in München ist eingeläutet: Beter, Führungskräfte und Verantwortungsträger der Stadt gehen inzwischen gemeinsam vorwärts, geeint durch ihr Ziel, München ganz konkret zu dienen. Auf der Grundlage von regem Austausch und tiefen Herzens-Verbindungen bringt jeder seinen Bereich voran. Im Hintergrund eine kleine Gruppe, die Impulse gibt, moderiert und unterstützt: Das München-Team. Bei Nehemia dauerte das Projekt 52 Tage, dann konnte es erfolgreich abgeschlossen werden. Die Beteiligten in München planen dafür die nächsten zwei bis drei Jahre ein. Das Gebet für die Stadt allerdings soll bleiben - weil dafür immer der richtige Zeitpunkt ist.

SCHRITT 5

MEINE WELT MITGESTALTEN

BETEND GESTALTEN

Vielleicht hast du dir im Laufe der letzten Schritte schon vorgestellt, wie „Himmel auf Erden" in deinem Wirkungskreis aussehen würde. Oder du hast schon versucht, diese Träume eigenhändig wahr werden zu lassen. Als Jesus davon sprach, dass wir Himmel auf Erden erleben können, hat er das als Gebet und nicht als Businessplan formuliert. „Ihr sollt so beten: Unser Vater im Himmel! Dein Name werde geheiligt, dein Reich komme, dein Wille geschehe auf der Erde, wie er im Himmel geschieht." (Matthäus 6,9-10) Die große Frage ist, wie es faktisch möglich ist, dass sich Gottes gute Pläne in deinem Umfeld realisieren? Halt dich fest bei der Antwort, die jetzt kommt: Es beginnt alles damit, dass du betest! O. k., wahrscheinlich war dir schon vorher klar, dass man als Christ beten sollte. Aber warum empfinden Menschen das Gebet so häufig als Last und nicht als Lust? Mehr als Pflicht und nicht als Privileg. Das muss bei dir nicht so sein oder bleiben.

DAS ERSTE UND WICHTIGSTE: GEBET

Wirksames Beten bringt dich nicht nur näher an Gottes Herz, sondern bewegt auch deine Welt dorthin. Deshalb vor allem anderen: Gebet! Paulus schreibt an Timotheus: „Das Erste und Wichtigste, wozu ich die Gemeinde auffordere, ist das Gebet." (1. Timotheus 2,1a) Und das, obwohl oder gerade weil Paulus ein Gestalter war. Ein Gründer. Ein Macher. Er appelliert an die Gemeinde, dass das Gebet die höchste Priorität und den ersten Platz in all unseren Aktivitäten einnehmen soll. Vor allem anderen. Nicht, weil die anderen Dinge nicht gut oder nicht wichtig wären, sondern, weil alles Tun aus der Gottesbeziehung fließen soll und alle Aktion ihre Wirksamkeit aus dem Gebet erhält. Ja, Beten ist nicht alles, aber ohne Gebet ist alles nichts. „Aber es gibt doch so viel zu tun!" - Jeder kennt dieses Phänomen, dass es unfassbar viel Arbeit, unzählige Möglichkeiten und überwältigend große Nöte gibt. Wer hat da noch Zeit fürs Gebet?! Auch Jesus wurde berührt von der Not seiner Zeit. Er war in seinem Herzen tief betroffen davon, dass so viele Menschen ihr Leben ziellos führten und dabei verwahrlosten. Doch seine Antwort darauf war nicht blinder Aktionismus, sondern er sah das Potenzial und hatte eine Strategie. In diese weihte er seine Jünger ein, indem er ihnen eine konkrete Handlungsanweisung gab – allerdings bezog sich diese zunächst nur aufs Gebet. Wir erinnern uns, dass Jesus zu seinen Jüngern sagt: „Die Ernte ist groß, doch es sind nur wenig Arbeiter da. Bittet deshalb den Herrn der Ernte, dass er Arbeiter auf sein Erntefeld schickt!" (Matthäus 9,37-38)

Vor allem beten – das zeigt sich auch an unserem Terminkalender. So oft bleibt für das Beten keine Zeit, einfach, weil wir diese Zeiten nicht eingeplant haben. Alles, was dir wichtig ist, musst du dir einplanen, sonst findet es (meist) nicht statt. Zufall heißt oftmals Ausfall. Um das Beten fest in deinen Alltag zu integrieren, hilft es, tägliche Gewohnheiten zu entwickeln, z. B. in Form von fixen „Gebetsterminen".

FÜR ALLE MENSCHEN BETEN?

Im zweiten Teil der Timotheus-Stelle oben wird Paulus noch deutlicher – und krasser: „Es ist unsere Aufgabe, mit Bitten, Flehen und Danken für alle Menschen einzutreten." (1. Timotheus 2,1b) Für alle Menschen beten, das klingt erstmal nach heilloser Überforderung. Doch der Schlüssel dabei ist nicht, dass jeder für alle betet, sondern jeder für seinen Wirkungskreis eintritt. In den nächsten Versen wird deutlich, dass wir strategisch für die einflussreichen Personen beten sollen, mit dem Ziel, dass dieser Bereich der Gesellschaft ganzheitlichen Frieden und göttliche Rettung erfährt. Paulus fordert zum Gebet auf „insbesondere für die Regierenden und alle, die eine hohe Stellung einnehmen, damit wir ungestört und in Frieden ein Leben führen können, durch das Gott in jeder Hinsicht geehrt wird und das in allen Belangen glaubwürdig ist. In dieser Weise zu beten ist gut und gefällt Gott, unserem Retter, denn er will, dass alle Menschen gerettet werden und dass sie die Wahrheit erkennen. (1. Timotheus 2,2-4)

Anstatt sozusagen mit einer 10 Liter-Gießkanne einen fremden Kartoffelacker zu bewässern – was passiert, wenn du unpräzise Gebete sprichst nach dem Motto: „Lieber Gott, bitte segne alle Menschen!" - kannst du lieber mit dem kostbaren Nass gezielt dein eigenes Rosenbeet besprengen. Das geschieht, wenn du konkret für die Menschen in deinem Wirkungskreis betest, insbesondere für maßgeblich prägende Personen. Vielleicht hilft dir dabei eine einfache Gebetsliste. Ob analog oder digital, ist Geschmacksache. Notiere dir Namen und Personengruppen und lass Raum für Notizen. Jedes Mal, wenn du betest, kannst du dir durch die Liste vor Augen halten, wer dein Wirkungskreis ist. Du kannst Gebetsanliegen notieren, Gedanken und Impulse festhalten und ermutigende Gebetserhörungen vermerken. So wird dein Gebet konkret, beständig und seine Wirksamkeit sichtbar. Vor allem aber ist es eine Zeit der innigen Gemeinschaft mit deinem Schöpfer, in der du sein Herz näher kennenlernen und genießen darfst.

DEINE WELT IST DEIN TEMPEL

Beten gehört in die Kirche? Ja, aber Gott sei Dank ist es nicht darauf beschränkt. Als Stadtgestalter wollen wir die künstliche und sinnlose Trennung zwischen scheinbar „heiligen Orten" und der „profanen Welt" überwinden. Natürlich helfen bewusst gestaltete Räume und Orte dabei, Gott nahezukommen, aber Gott lässt sich nicht durch geografische Schranken begrenzen. Seine Gegenwart ist überall zugänglich und erfahrbar, und sein Geist wirkt auf der ganzen Erde (vgl. Apostelgeschichte 17,24ff.). Auch Paulus weiß davon und fordert uns

WIR BETEN IN UNSEREM WIRKUNGSKREIS, NICHT NUR FÜR IHN

dazu auf, „an allen Orten" (1. Timotheus 2,8) zu beten. Wo betest du bisher? Und die noch weit wichtigere Frage: Ist dein Wirkungskreis ein Ort, an dem du betest? Ja, es macht einen Unterschied, wenn du in deinem Büro, deiner Praxis, deinem Labor, dem Sitzungssaal oder wo auch immer du aktiv bist, betest. Es verändert zunächst deine eigene Perspektive und lässt dich Gottes Nähe inmitten dieser Welt wahrnehmen. Wir beten also in unserem Wirkungskreis, nicht nur für ihn. Das macht Gottes Gegenwart sichtbar und für die Menschen in unserem Umfeld erlebbar. Zudem ist es ein geistliches Prinzip, dass alles durch Gebet geheiligt wird – dazu gehören auch Orte (vgl. 1. Timotheus 4,5).

GEBET GESTALTET DIESE WELT

Gott ist Schöpfer und Gestalter der Welt. Wie schuf er dieses Universum und brachte die Erde zum Blühen? Durch Übereinstimmung. Im ersten

Kapitel der Bibel wird beschrieben, wie Gott den Vorsatz fasste, die Welt zu schaffen. Zu Beginn war alles dunkel, wüst und leer, obwohl der Heilige Geist sich schon mitten in diesem „Tohuwabohu" befand. Doch nichts geschah, bis diese Worte die Pläne aus dem Herzen Gottes in Existenz riefen: „Es werde Licht!". Gott der Vater, Gott der Sohn und Gott der Heilige Geist stimmten darin überein und wirkten in harmonischer Einheit.

Du bist Gottes Ebenbild und dazu berufen, mit ihm diese Welt zu bewahren und zu gestalten (vgl. 1. Mose 2,15). Oder, um es mit Jesu Worten zu sagen, „Salz und Licht zu sein" (vgl. Matthäus 5,13-14). Vielleicht sind auch deine Welt und dein Wirkungskreis noch „dunkel, wüst und leer", aber du kannst sicher sein, dass das Herz Gottes voller guter Absichten und Gottes Geist schon am Werk ist. Wie kommt es zur schöpferischen Wirkung? Du sprichst die Pläne Gottes in Existenz - „Dein Wille geschehe!", damit sich Gottes Willen in deinem Wirkungskreis manifestiert.

ES IST DIE ÜBEREINSTIMMUNG MIT GOTTES ABSICHTEN, DIE DIESE WELT GESTALTET

Genau das nennt man Fürbitte. Du musst Gott nicht dazu überreden, Gutes zu tun, sondern darfst vielmehr entdecken, was er tun möchte und dich dazustellen. Der einfachste Weg, seinen Willen zu erfahren, ist, die Bibel zu kennen. Diese Wahrheiten sind mehr als Informationen. Es sind Einladungen, die du als Verheißungen im Gebet wieder vor Gott bringen darfst. Gott ist bereit und wartet darauf, deine Stimme zu hören und dir zu antworten (vgl. Jesaja 30,18-19). Besonders kraftvoll und wirksam wird dieses Beten, wenn du es zusammen mit anderen tust. Jesus spricht zu seinen Jüngern: „Wenn zwei von euch hier auf der Erde darin eins werden, um etwas zu bitten – was immer es auch sei –, dann wird es ihnen von meinem Vater im Himmel gegeben werden." (Matthäus 18,19)

Stadtgestalter sind also wirksame Beter – gerade, weil sie Macher und Pioniere sind. Oder, wie die katholische Kirchenlehrerin Teresa von Avila schon vor 500 Jahren zu sagen pflegte: „Was ist der Zweck des Gebets? Taten hervorzubringen, immer nur Taten."*

GOTTES WILLEN IN UNSEREN KONTEXT HINEINSPRECHEN

In Sprüche 11,11 heißt es: „Durch den Segen der Aufrechten steigt eine Stadt auf; aber durch den Mund der Frevler wird sie niedergerissen." Wie segnen wir den Kontext, in den wir gestellt sind? Indem wir Gutes über ihn und die Menschen darin aussprechen. Nicht manipulierend und zu unserem Vorteil, sondern um das Beste für sie in Existenz zu bringen. Wir erinnern uns an Jeremia 29,7: „Suchet der Stadt Bestes und betet

---

* Teresa v. Avila, Die Seelenburg (Köln: Anaconda Verlag GmbH, 2012), ISBN 9783866478411.

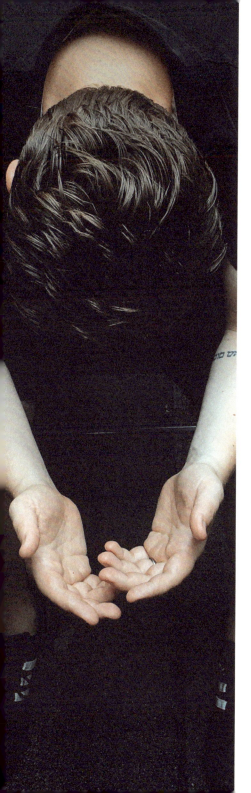

> **„WAS IST DER ZWECK DES GEBETS? TATEN HERVORZUBRINGEN, IMMER NUR TATEN."**
>
> TERESA VON AVILA

für sie." Daher segne ich meinen Wirkungskreis, damit sich das ihm von Gott zugedachte Potenzial entfalten kann. Ich spreche Gutes und Wohlwollen aus – insbesondere über „die Regierenden und alle, die eine hohe Stellung einnehmen" – damit ...

1. Gottes gute Absichten Wirklichkeit werden
2. Gottes Gegenwart spürbar und erlebbar wird
3. Menschen, selbst wenn sie Gott noch fern stehen, gute Entscheidungen treffen

An was messen wir schließlich die Wirkung unseres Gebets? Daran, dass es den Menschen in unserem Wirkungskreis wirklich besser geht und viele zur Erkenntnis der Wahrheit kommen.

VERSTEHEN & FESTHALTEN

1. Wie würdest du dein Gebetsleben beschreiben? Welche Priorität hat Gebet für dich in deinem Alltag?

....

....

....

....

2. Wer sind für dich „alle Menschen", für die du im Gebet einstehst?

....

....

....

....

3. Welche Orte sind für dich Gebetsstätten, wo es dir leicht(er) fällt zu beten?

....

....

....

....

UMSETZEN & GESTALTEN

1 Stell dir die Herzenspläne Gottes für deinen Wirkungskreis vor! Wie könnten diese aussehen?

2 Mit wem möchtest du regelmäßig für deinen Wirkungskreis beten?

SCHRITT 6

MEINE WELT MITGESTALTEN

KULTUR PRÄGEN

Wie gelingt es nun, die Lebensart des Reiches Gottes als Kultur in unseren Wirkungskreis einzupflanzen und ihn mit ihr zu durchdringen, damit sie für alle sichtbar wird? Indem wir schöne, farbenfrohe Stauden pflanzen! Lass uns einen kleinen Ausflug in die Pflanzenkunde machen: Unkraut im eigenen Garten wächst gerne dort, wo wir uns an Zier- und Nutzpflanzen erfreuen wollen - nur schneller, höher und breiter. Am liebsten siedelt es sich dort an, wo noch nichts steht. Das beste Mittel gegen Unkraut ist eine geschlossene, bewachsene Fläche mit Gehölzen und Stauden.

DIE LEBENSKULTUR DES GUTEN

Übertragen auf unseren Wirkungskreis heißt das: „Lass dich nicht vom Bösen besiegen, sondern besiege Böses mit Gutem." (Römer 12,21) Zuvor im Text, bei Vers 14, zeigt uns Paulus schon, wie das geht: „Segnet die, die euch verfolgen; segnet sie, verflucht sie nicht." Die Bibel ist an vielen Stellen ganz klar darin, dass wir das Schlechte nicht einfach so gedeihen lassen und uns ducken sollen, bis es überhandnimmt. Doch nicht nur dagegensetzen, heißt die Devise, sondern das Böse sogar noch übertrumpfen. Und womit? Mit dem Guten, denn es ist stärker als das Böse!

Stell dir vor, du ziehst in ein Einfamilienhaus mit 400 qm Garten. Die Wiese nicht Kraut und Rüben, sondern Unkraut und Gestrüpp. Du malst dir aus, wie schön der Garten wäre, wenn er so richtig blühen würde! Du pflanzt Gerbera, Tulpen und türkischen Mohn, doch kaum drehst du dich um, wächst dort Unkraut. Kommt dir das bekannt vor, was dein eigenes Herz angeht? Wir sind wiedergeboren, getauft, haben das vollendete Werk Christi ergriffen, und trotzdem sprosst Unkraut in unseren Herzen. - Wie kann das sein? Weil die Wurzeln des Unkrauts noch immer im Erdreich sind, selbst wenn man den Herzens-Garten professionell kultiviert hat durch tiefgreifende Lebensbereinigung. Dies ist gut, du kannst aber dein Leben lang damit beschäftigt sein, das Unkraut zu bekämpfen: „Oh, da ist schon wieder etwas Böses, Unordentliches, Unschönes, das ich entfernen und von dem ich mich reinigen muss." Das kann das eigene Leben betreffen, aber auch dein Umfeld. Angestrengt versuchen wir, Sorgen, Streit, Hass, Neid und Süchte loszuwerden. Wir freuen uns, wenn es mal wieder ein bisschen besser geworden ist. Doch kaum hat man sich zu Ende gefreut, wuchert das Unkraut wieder fröhlich vor sich hin.

WIR PFLANZEN BEWUSST DAS, WAS WIR HABEN WOLLEN

Im Garten- und Landschaftsbau gibt es ein Geheimnis, wie man dem Unkraut den Garaus macht: Man pflanzt bewusst und mit recht kleinem Aufwand genau die Stauden in Form und Farbe, die man in seinem Garten haben möchte. Der Trick: Stauden sind stärker als Unkraut. Bodendecker-Stauden etwa füllen verhältnismäßig schnell große Flächen im Beet, sodass Unkraut nicht ausreichend Licht bleibt, um zu wachsen. Es kann sich einfach nicht mehr ausbreiten. Wenn wir eine Lebensart des Reiches Gottes sehen wollen, müssen wir mit dem entgegengesetzten Geist kommen, d. h. bewusst Gutes in unser Lebensumfeld einpflanzen und damit das ‚Böse' entkräften. Denn das Gesetz des Geistes überwindet das Gesetz der Sünde und des Todes, heißt es in Kapitel 8 des Römerbriefs. Hier einige Beispiele:

DANKBARKEIT VS. NEID

Neid kann sich dadurch äußern, dass ich dem anderen nichts gönne oder das Gras in Nachbars Garten immer grüner finde. Die Staude, die ich dagegen pflanzen kann, ist Dankbarkeit. D. h. ich mache mir Gedanken der Dankbarkeit und spreche Worte der Dankbarkeit. Ich beglückwünsche meine Kollegen bei Erfolg; ich bin dankbar, dass meine Kollegen zur Arbeit gekommen sind und dafür, dass mein Chef trotz Konjunktur-Schwäche monatlich mein Gehalt überweist; ich bin dankbar für meine Frau und meine Kinder, dass ich ein Dach über dem Kopf habe und den Kühlschrank füllen kann. Praktisch kann das so aussehen, dass ich meiner Kollegin morgens (einfach so) etwas mitbringe und sage: „Ich bin wirklich froh, dass es dich gibt und wir zusammen arbeiten." Oder ich schreibe eine Karte an meinen Vorarbeiter, die ausdrückt, wie dankbar ich für seine Fachkompetenz bin. Dankbarkeit ist stärker als Neid und nahezu unerschöpflich.

GROSSZÜGIGKEIT VS. HABGIER

Zachäus zockt seine Mitmenschen ab und kann nicht damit aufhören, bis Jesus kommt und eine neue Staude in seinem Garten pflanzt: die Großzügigkeit. Habgier ist auch ein Symptom unserer Zeit. Immer mehr haben zu wollen, nie zufrieden zu sein und zur Ruhe zu kommen. „Als Jesus an dem Baum vorüber kam, schaute er hinauf und rief: »Zachäus, komm schnell herunter! Ich muss heute in deinem Haus zu Gast sein.«" Jesus kommt in das Haus des Zachäus und gibt ihm großzügig, was er hat: seine Zeit, seine Wertschätzung und eine neue Identität. Innerhalb nur weniger Stunden mit Jesus kommt es zur radikalen Herzens-Veränderung: „Zachäus aber trat vor den Herrn und sagte zu ihm: »Herr, die Hälfte meines Besitzes will ich den Armen geben, und wenn ich von jemand etwas erpresst habe, gebe ich ihm das Vierfache zurück.«" (Lukas 19,5 und 8)

FREUDE VS. ÜBERFORDERUNG

Überforderung ist keine Erfindung der Postmoderne. Als Esra rund 500 Jahre vor Christus dem versammelten Volk Israel die Tora, das Gesetz Gottes, vorlas, waren auch sie überfordert. Es wurde ihnen klar, was sie alles falsch gemacht hatten und nun ändern mussten. Esra aber war ein guter Leiter, der sein Volk in seiner Verzweiflung nicht allein ließ, ihnen vielmehr etwas Unerwartetes riet: „Geht hin und esst fette Speisen und trinkt süße Getränke und sendet davon auch denen, die nichts für sich bereitet haben; denn dieser Tag ist heilig unserm Herrn. Und seid nicht bekümmert; denn die Freude am HERRN ist eure Stärke." (Nehemia 8,10 LUT) Erstmal eine Woche lang essen, trinken und feiern. Großartig! Das Volk genießt nun, was es schon geerntet hat. Es schaut darauf, was Gott ihnen bereits alles geschenkt hat. Dadurch kehrt die Freude zurück und auch die Kraft. Der nächste Berg kann kommen! In unseren Familien, Schulen, Unternehmen, Ämtern etc. brauchen wir dringend eine solche Feier- und Erinnerungskultur, damit wir uns an Gott freuen können und uns nicht die Puste ausgeht.

Was möchtest du in deinem Leben und Umfeld überwinden? Vielleicht Sorge? Dann pflanze als entgegengesetzten Geist die Neugier: Sorge bringt eine gedankliche Enge mit sich und verschließt sich für das Eingreifen Gottes. Neugier macht weit und öffnet dich für Gottes Lösungen: „Ich bin gespannt, wie wir gemeinsam diese Schwierigkeit bewältigen!" Sorge kannst du auch dadurch ersetzen, dass du in sorgenvollen Momenten das Schwert des (gegenteiligen) Geistes ergreifst und den Schlachtruf anstimmst: „Alle Dinge dienen denen, die Gott lieben, zum Besten." (Römer 8,28)

In seinem Buch „Fremde Kulturen"[1] bezeichnet der Ethnologe Lothar Käser Kultur sinngemäß als eine Überlebensstrategie, abgesichert durch das Kollektiv. Eine Kultur entwickelt sich demgemäß, weil wir glauben, so am besten überleben zu können. Das gilt für Familien genau wie für Unternehmen und Nationen, wenn die Mehrheit der zugehörigen Menschen mit diesen Werten und Überzeugungen übereinstimmt. In der Kindheit lernen wir unsere Familienkultur, vielleicht auch die schwäbische oder norddeutsche Kultur. Man nimmt sie auf und lebt drauf los. Was zu einer Zeit sinnvoll war und zum Überleben beigetragen hat, kann zu einer anderen nicht mehr dienlich sein. Vielleicht lebst du heute in einer Kultur, die sogar schädlich ist, z. B. eine Kultur der Skepsis und des Misstrauens in deiner Firma.

Auch die Tora war genau genommen eine Rahmensetzung für das Volk Israel, mit der es die heidnische Lebensart in Kanaan überwinden und eine neue Kultur prägen konnte. Gott hatte sich bereits in einem unauflöslichen Bund zu seinem Volk gestellt und wollte nun zeigen, wie es sich und sein Land am besten würde entfalten können. Im neuen Bund gilt für uns die Kultur, die Jesus uns lehrt. Sie ist auch eine Überlebenskultur, vielmehr aber noch eine Lebensstrategie. Christus zeigt auf, wie unser Leben gelingt, wie wir neue Lebenskraft bekommen und wie die beste Version unserer selbst als Ebenbilder Gottes aussehen kann.

WIE ENTSTEHT EINE NEUE KULTUR?

Durch das Wissen, welche ‚Stauden' wir pflanzen wollen im jeweiligen Lebensumfeld. Und indem wir diese neue Kultur prägen durch

1. Vorbild sein

2. Rituale, d. h. gute Gewohnheiten, die wir so oft wiederholen, bis sie zur Kultur geworden sind.

3. Inspiration, d. h. indem wir in Menschen wecken, was sie eigentlich schon in sich tragen. Z. B. schlummert die Wahrheit „es wäre so viel besser, wenn ich vergeben würde" tief in jedem Menschen, aber seine prägende Kultur hat ihn vielleicht gelehrt „sei skeptisch und vergebe niemandem." Dies ist sozusagen nur ein wenig sinnvolles Add-on, ein Hilfsprogramm. Tief darunter finden wir das eigentliche ‚Programm', das Gott im Menschen angelegt hat.

4. Erläutern: Auf der kognitiven Ebene können wir erklären, warum das neue Denken und Handeln zu viel besseren Ergebnissen führt als das alte.

[1]Lothar Käser, Fremde Kulturen: eine Einführung in die Ethnologie für Entwicklungshelfer und kirchliche Mitarbeiter in Übersee (Erlangen und Bad Liebenzell, 1997; VTR, Nürnberg, 2014), ISBN 978-3-95776-114-9.

IM ENTGEGENGESETZTEN GEIST HANDELN BEDEUTET BEWUSST GUTES IN UNSER LEBENSUMFELD EINPFLANZEN UND DAMIT DAS ‚BÖSE' ENTKRÄFTEN

5 ein Erlebnis, einen Aha-Effekt. Oftmals merken Menschen erst in Krisen, beim An-die-Wand-laufen, beim Suchen nach Lösungen, dass es doch viel besser wäre, Dinge anders zu machen. Bei diesem Ringen können wir nicht wirklich mithelfen, außer den Prozess begleiten und im besten Falle bestätigen, was erkannt wurde.

Wir leben im vollendeten Werk Christi, in dem die Vorherrschaft des Bösen bereits überwunden ist. Wenn du diese neue Lebensart ganz bewusst einübst, gibst du Gottes Gegenwart Raum. Du wirst erstaunt sein, was du dann in deinem Leben und Umfeld aufwachsen siehst. Vielleicht blüht es dann gelb oder veilchenlila, jedenfalls duftet es herrlich.

VERSTEHEN & FESTHALTEN

1 Welche Erfahrungen hast du mit „Unkraut" in deinem Garten gemacht?

2 Meditiere über den Bibelvers aus Römer 12,21: „Lass dich nicht vom Bösen besiegen, sondern besiege Böses mit Gutem?" Was will Gott dir durch diesen Vers konkret sagen?

UMSETZEN & GESTALTEN

1. Inwiefern kannst du in Bezug auf deinen Wirkungskreis dankbar sein? Welche „Stauden der Dankbarkeit" willst du ab heute pflanzen?

2. Wie geht es dir mit der „Staude der Großzügigkeit"? Tausche dich mit anderen darüber aus, welche Erfahrungen ihr bisher mit Großzügigkeit gemacht habt?

3. Wie sieht dein konkreter Plan aus, in deinem Leben und Umfeld neue Stauden (deiner Wahl) zu pflanzen? Wie können diese so wachsen und gedeihen, dass die vorhandene Kultur nachhaltig mit Gottes Gegenwart durchdrungen wird?

SCHRITT 7

MEINE WELT MITGESTALTEN

GUTE WERKE TUN

"Ihr seid das Licht der Welt. Eine Stadt, die auf einem Berg liegt, kann nicht verborgen bleiben. Auch zündet niemand eine Lampe an und stellt sie dann unter ein Gefäß. Im Gegenteil: Man stellt sie auf den Lampenständer, damit sie allen im Haus Licht gibt. So soll auch euer Licht vor den Menschen leuchten: Sie sollen eure guten Werke sehen und euren Vater im Himmel preisen." (Matthäus 5,14-16)

WIR SIND GESCHAFFEN ZU GUTEN WERKEN

Durch Christus ist das ‚Licht' in uns nicht zu manchen Zeiten angeschaltet und dann ist es wieder aus. Wir sind und bleiben Licht, ob wir uns so fühlen oder nicht. Ob wir uns richtig verhalten oder nicht. Diese Wahrheit will erst einmal verdaut werden! Als wäre das nicht genug, setzt Jesus noch eins drauf: nämlich uns mitsamt unserem Licht - auf einen Berg und auf einen Lampenständer. In dieser Bibelstelle spricht Jesus keineswegs von Werksgerechtigkeit, sondern nur davon, dass das, was bereits da ist, sichtbar werden soll: unser Licht. Wozu? Damit es den Menschen zugute kommt und sie darin ihren Schöpfer erkennen können.

GUTE WERKE TUN WIR NICHT, UM GOTT ZU GEFALLEN. WIR GEFALLEN IHM SCHON

Sichtbar wird unser Licht in guten Werken, doch welche Werke dienen den Menschen wirklich? Hier kommen wir wieder zu Jeremia 29 und suchen „der Stadt Bestes". Davon gibt es zwei Perspektiven: Das Beste aus der Sicht Gottes und das Beste aus der Sicht der Menschen. In Schritt 4 haben wir unseren Wirkungskreis schon mit Gottes Augen betrachtet. Nun geht es darum, ihn aus der Bedürfnisperspektive der Menschen zu sehen und dort die Werke Glaube, Liebe und Hoffnung hinein zu bringen. Es können kleine Gesten sein, die Großes bewirken. Ob das gelingt, erkennen wir an Reaktionen, wie: „Danke, das hat mir sehr gut getan!", „Das hat uns wirklich weitergeholfen!", „Das macht mir echt Mut!" oder „Jetzt sehe ich wieder klarer!"

DIE NACHFRAGE ALS WEGWEISER

Wir machen einen Ausflug in die Grundbegriffe der Wirtschaft. Bei Konsumgütern liegt es auf der Hand: Hat der Kunde Hunger (Nachfrage), geht er in den Supermarkt (Marktplatz), wo er Lebensmittel (Angebot) findet. Wir haben das wundervolle Evangelium (Angebot), das in unserem Wirkungskreis (Marktplatz) einen prima Absatz finden könnte. Wenn aber mein Gegenüber noch gar kein Bedürfnis (Nachfrage) danach hat oder zwar ein Bedürfnis, aber nicht weiß, wo und wie er es stillen kann, braucht es die ‚guten Werke'. Das Angebot „Ich habe da ein ganz tolles Buch über das Sorgen machen, das würde dir extrem helfen", kann ziemlich ins Leere laufen, wenn diese Person gerade eine Krebsdiagnose bekommen hat und wirklich offen ist für eine persönliche Berührung von Gott durch Gebet. Deshalb sollten wir uns in solchen Situationen immer fragen: Was ist die wirkliche Not? Wo drückt der Schuh? Was fehlt?

Vielleicht heißt die Nachfrage auch: „Es würde mir helfen, wenn wir im Betrieb eine Kinderbetreuung für meine vierjährige Tochter hätten." Wenn ich das, was ich habe, in eine Form bringe, die der Nachfrage entspricht, entsteht ein gutes Werk. Ansonsten bleibt es ein Angebot, das leicht im Papierkorb landet. Viele wertvolle christliche Angebote sind aus diesem Grund einfach so verpufft oder ‚von den Vögeln weggepickt' worden.

Wir erinnern uns an die 3 Arten zu fragen (Schritt 4):
- Bei spirituellen Themen nach der Gottesnähe: Wie können wir **Glauben** in unserem Wirkungskreis fördern?
- Bei sozialen Themen: Wie kann **Liebe** wirksam werden, um Schmerz und Not zu lindern?
- Bei systemischen Themen: Wie bringen wir **Hoffnung** in eine systemische Zerbrochenheit in unserem Wirkungsfeld?

1 Glauben in spirituelle Verlorenheit bringen

Paulus spricht in Griechenland vor dem Areopag, dem Stadtrat von Athen, zu Menschen, die noch nie etwas von Christus gehört haben: „Mit allem, was er (Gott, Anm. der Red.) tat, wollte er die Menschen dazu bringen, nach ihm zu fragen; er wollte, dass sie – wenn irgend möglich – in Kontakt mit ihm kommen und ihn finden. Er ist ja für keinen von uns in unerreichbarer Ferne." (Apostelgeschichte 17,27) Gott ist auch jedem Menschen in deinem Kontext nahe, aber diejenigen, die noch gar nicht nach ihm suchen oder keinen Bedarf haben, kann auch kein Glaubensangebot locken. Es könnte aber sein, dass ich gute Werke tun kann, die den Menschen helfen, Gott wahrzunehmen. Oder dass sie daraufhin anfangen, ihn zu suchen und ihm dann auch begegnen. Angenommen, ein Kollege ist krank (Nachfrage: der Wunsch, gesund zu werden). Ich frage, ob ich für ihn beten kann (Angebot), er willigt ein und fühlt dabei etwas. Dies kann ich aufgreifen und ihm erklären, dass es sich hier um Gottes Gegenwart handelt: „Er ist dir sehr viel näher, als du denkst. Probiere doch selbst mal zu beten!" Mein gutes Werk ist, für meinen Kollegen zu beten, ihm zu erklären, was dabei gerade passiert ist und ihn zu ermutigen, Gott selbst zu suchen.

2 Liebe in sozialen Schmerz bringen

Ich muss mich nicht um den Schmerz der ganzen Welt kümmern, aber was ich habe, gebe ich dir. Oftmals erkennen wir an der Bewegtheit unseres Herzens, für wen oder was wir einen konkreten Auftrag haben. Wir bringen Liebe in den Schmerz. Liebe ist immer praktisch und hat Taten zur Folge. Welche Dienste, Gaben und Hilfestellungen lindern nun konkret den Schmerz in meinem Kontext? Christen in Verantwortung können nicht überall selbst mit anpacken. Manchmal steuern wir auch nur Prozesse, damit Hilfestellung zustande kommt, z. B. indem wir eine Not und ein Angebot zusammenbringen: „Ich kenne einen Schulden-Berater, den ich mit dir bekannt machen kann." Die Hilfe hängt nicht immer an uns und unseren Möglichkeiten, wir können aber die Schnittstelle sein. Wir müssen nicht jeder Not begegnen, können aber sehr viel bewegen, wenn wir uns mit der Liebe Gottes für die Menschen um uns herum, aber auch mit ihrem Schmerz, identifizieren. Manchmal reicht schon unser emphatisches Zuhören aus; manchmal bedeutet ‚dein Schmerz ist mein Schmerz' aber auch, dass wir unser Gegenüber mit den Möglichkeiten und Freiheiten beschenken, die uns zur Verfügung stehen. Wir sollten natürlich immer geleitet sein von echtem Interesse an den Menschen, denn wenn ich alles richtig mache, aber „keine Liebe habe, bin ich nichts weiter als ein dröhnender Gong oder eine lärmende Pauke". (1. Korinther. 13,1)

VOM PASTOR, DER GOTT GEFRAGT HAT: „WAS KANN ICH TUN?"

Der Pastor einer kleinen Gemeinde brannte dafür, Menschen zu erreichen. Immer wieder brachte er sein Anliegen vor Gott, bis dieser antwortete: „Fang damit an, den Stadtteil zu

lieben, in dem du wohnst. Kennst du ihn überhaupt?" Erst jetzt merkte der Pastor, dass er sich mit ihm bisher gar nicht identifiziert hatte. Das wollte er ändern. Er fing an, sich für seinen Stadtteil zu interessieren, bis er auf eine wirkliche Not aufmerksam wurde: Ein Mädchen einer Schule in seinem Stadtteil war bei einer Klassenfahrt im Meer ertrunken. Der Pastor hatte die Schule vorher gar nicht gekannt, ging nun aber hin und stellte fest, in welch erbärmlichem Zustand sie war - äußerlich heruntergekommen, innerlich problembeladen. Er identifizierte sich mit dem Schmerz ‚seiner' Schule und fragte sich, was er tun könne. Seine Gemeinde konnte sich die Renovierung nicht leisten. Was allerdings in seiner Macht stand war, Unternehmer, Einrichtungen etc. der Umgebung ins Boot zu holen, unter dem Motto: „Lasst uns zusammen die Schule lieben und verändern!" Innerhalb kürzester Zeit konnte er über 500.000 Euro sammeln. Maler und Gärtner brachten ihre Dienstleistungen ein, sodass an einem einzigen Samstag die gesamte Schule renoviert werden konnte. Die Kirchengemeinde selbst hatte keinerlei Kosten zu tragen, außer für Klebebänder, die die Handwerker vergessen hatten und die der Pastor dann noch schnell im Baumarkt besorgte.

DIE REKTORIN BESUCHTE DEN GOTTESDIENST

Ursprünglich war die Rektorin einmal gläubig gewesen, hatte aber wegen ihrer Homosexualität viel Ablehnung und Leid durch Christen erlebt und sich vom Glauben distanziert. Nun war sie in die Gemeinde unseres Pastors gekommen. Unter Tränen stand sie auf der Kanzel und sagte: „Nicht nur sind wir jetzt die schönste Schule der Stadt, sondern auch die am meisten geliebte Schule!" Durch die Bereitwilligkeit eines Pastors, seinen Stadtteil aktiv zu lieben, konnte diese Aktion mit überschaubarem Aufwand auf mehreren Ebenen enorm viel bewirken. Auch näherte sich die Rektorin wieder dem Glauben an und ‚lobte' Gott, den sie vielleicht noch gar nicht persönlich erfahren oder von dem sie gedacht hatte, dass auch er sie ablehne.

In manchen Fällen von Not sollten wir uns ganz ehrlich die Frage stellen: Lassen wir uns vielleicht deshalb nicht auf sie ein, weil wir empfinden, dass sie selbstverschuldet ist? „Diese Familie gibt einfach zu viel Geld aus", „Sie hätte ihren Mann ja nicht verlassen müssen" oder „Er muss erstmal sein Leben in den Griff bekommen." Jesus hat es nicht interessiert, warum jemand in Schwierigkeiten war, er zeigte immer die Perspektive nach vorne auf. Die Liebe kann nicht anders, als gute Werke für Menschen hervorzubringen, damit sie unseren Vater im Himmel preisen.

3 Hoffnung in systemische Zerbrochenheit bringen

Durch den Zerfall der Großfamilie sowie die geographischen Entfernung vieler Familienmitglieder voneinander war Einsamkeit schon vor Ausbruch der Corona-Pandemie 2020 ein großes Problem. Seit Jahrzehnten gibt es in unserer Gesellschaft diese systemische Not, die Krankheit hat das Problem nur sichtbarer gemacht. Nun erscheint es besonders dringlich, Antworten zu finden, wie der soziale Zusammenhalt neu organisiert werden kann. Ideen dafür gibt es genug. Ein Ehepaar aus Düsseldorf stellte an einem Samstag in seiner Wohnsiedlung einfach ein paar Tische auf die Straße, besorgte Fleisch und lud die Nachbarn ein, sich mit einem Salat zu ihnen zu gesellen. Menschen, die seit Jahren nebeneinanderher lebten, lernten sich endlich näher kennen. Das war der Startschuss für eine ganz neue, anhaltende Qualität des Zusammenlebens. Die Menschen haben seither mehr Interesse aneinander, reden intensiver miteinander und helfen sich gegenseitig.

JESUS HAT ES NICHT INTERESSIERT, WARUM JEMAND IN SCHWIERIGKEITEN WAR, ER ZEIGTE IMMER DIE PERSPEKTIVE NACH VORNE AUF.

Das ist ein schönes Beispiel dafür, dass es auch uns selbst zugute kommt, wenn wir entsprechend der ‚Nachfrage' in unseren Wirkungskreis investieren. Segen fließt direkt in unser Leben hinein. Wenn Menschen so gute Erfahrungen mit ‚göttlichen Produkten' machen, begehren sie bald den ‚Urheber der Produkte' selbst. Indem sie Gott dann loben, wird die ‚Marke Gott' sichtbar: „Was für einen Wunder-vollen Schöpfer wir doch haben!" Im Grunde ist Matthäus 5 die überaus clevere Marketingstrategie Jesu, bei der jeder Beteiligte gewinnt.

VERSTEHEN & FESTHALTEN

1 Was löst die Aufforderung in Matthäus 5,14-16 in dir aus, dein Licht vor den Menschen leuchten zu lassen?

2 Welchen ‚Absatz' könnte das Evangelium in deinem Wirkungskreis finden? Wie steht es deinem Empfinden nach um die „Nachfrage"?

3 „Jesus hat es nicht interessiert, warum jemand in Schwierigkeiten war". Wie gehst du mit dieser Aussage um?

UMSETZEN & GESTALTEN

1. Welche der beschriebenen Nöte (spirituell, sozial, systemisch) schreit in deinem Wirkungskreis deiner Meinung nach am lautesten? Betrachte dazu auch nochmals die drei Arten zu sehen bei Schritt 4!

2. Was stößt das geschilderte Beispiel mit dem gemeinsamen Essen und Kennenlernen in der Wohnsiedlung bei dir an? Was könnte dein Beitrag sein, in das Miteinander in deinem unmittelbaren Umfeld zu investieren?

SCHRITT 8

MEINE WELT MITGESTALTEN

GLAUBEN BEZEUGEN

Singend auf der Fußgängerzone deiner Kleinstadt stehen und wildfremde Menschen ansprechen – das kannst du machen, musst du aber nicht. Die gute Nachricht: Du musst kein Evangelist sein, um deinen Glauben zu bezeugen. Ein Zeuge hat nur die Aufgabe, das, was er gesehen, gehört und erfahren hat, wahrheitsgemäß wiederzugeben. Ganz subjektiv. So wie ein juristischer Zeuge auch kein Sachverständiger, Richter, Staatsanwalt oder Verteidiger sein muss. Er muss nur seine Aussage machen. Und die schlechte Nachricht? Gibt es nicht. Du hast genügend Menschen in deinem Wirkungskreis, denen du die beste Botschaft, die es je gab, weitergeben kannst. Wie ein kostbares Geschenk, bei dem der Überbringer ganz besonders darauf bedacht ist, dass es wohlbehalten beim Empfänger ankommt. Und wie geht das? Indem du es als solches betrachtest. ‚Evangelium' ist vom griechischen Wort eu-angélion abgeleitet, das bedeutet: Das, was ein Freudenbote mit sich bringt.

ES BRAUCHT EINEN FREUDENBOTEN

„Alle haben denselben Herrn, und er lässt alle an seinem Reichtum teilhaben, die ihn im Gebet anrufen. Denn »jeder, der den Namen des Herrn anruft, wird gerettet werden«. Nun ist es aber doch so: Den Herrn anrufen kann man nur, wenn man an ihn glaubt. An ihn glauben kann man nur, wenn man von ihm gehört hat. Von ihm hören kann man nur, wenn jemand da ist, der die Botschaft von ihm verkündet. Und die Botschaft kann nur verkündet werden, wenn jemand den Auftrag dazu bekommen hat. Genau das ist ja auch geschehen, denn es heißt in der Schrift: »Was für eine Freude ist es, die kommen zu sehen, die eine gute Nachricht bringen!«" (Römer 10,12-15)

Wenn „Gott will, dass alle Menschen errettet werden und zur Erkenntnis der Wahrheit kommen" (1. Timotheus 2,4), wie kann das geschehen?

GIBT ES EINEN PLAN GOTTES DAFÜR?

Auch auf diese Fragen liefert die Bibel eine Antwort: „Aber wenn der **Heilige Geist** auf euch herabkommt, werdet ihr mit seiner Kraft ausgerüstet werden, und das wird euch dazu befähigen, meine **Zeugen** zu sein – in Jerusalem, in ganz Judäa und Samarien und überall sonst auf der Welt, selbst in den entferntesten Gegenden der Erde." (Apostelgeschichte 1,8, Hervorh. d. d. Red.) Was bedeutet diese Wenn-dann-Aussage für uns?

- Musst du etwas Besonderes können, um zu bezeugen, wer Jesus für dich ist? Ganz klares Nein!
- Brauchst du den Heiligen Geist, der dich dazu befähigt? Ganz klares Ja!

Wir können Menschen nicht bekehren, das ist allein Sache des Heiligen Geistes: „Und wenn er (der Heilige Geist, Anm. d. Red.) kommt, wird er der Welt zeigen, dass sie im Unrecht ist; er wird den Menschen die Augen öffnen für die Sünde, für die Gerechtigkeit und für das Gericht."(Johannes 16,8) Wir können uns entspannen. Der Heilige Geist ist derjenige, der sich um die Herzen der Menschen kümmert. Und auch wir selbst können täglich seine Hilfe, seinen Trost und Beistand annehmen und weitergeben. Hier ein einfaches Beispiel aus dem Alltag einer Christin, die in der ambulanten Pflege arbeitet: Die Tochter einer fast achtzigjährigen Frau war ganz plötzlich verstorben. Die ältere Dame stand völlig unter Schock. Die Pflegerin sprach nur wenige Worte des Trostes zu ihr, wodurch sich die Atmosphäre komplett veränderte und ein großer Friede auf die Trauernde kam.

ZEUGE SEIN – ABER WIE?

1. Wie hat Gott dein Leben verändert?

Mal dir vor Augen, wofür Christus in deinem Leben gestorben ist und den höchsten Preis bezahlt hat. Nimm dir Zeit dafür, dich darüber zu freuen, gemäß Johannes 1,29: Freue dich, dass er die Sünde der ganzen Welt weggenommen hat. Freue dich wie ein Kind darüber, dass du Gottes Kind bist und er dich wie alle anderen Menschen lieb hat. Was hat sich seit deiner Bekehrung in deinem Leben verändert? Wenn du schon immer gesegnet warst, ist das dein Zeugnis. Wenn sich dein Leben durch Christus verbessert hat, sprich darüber. Z. B. „Früher hatte ich immer starke Prüfungsangst. Bei meinem Examen kürzlich war das anders, da habe ich einen ganz tiefen Frieden von Gott gespürt."

Stell dir vor: Dadurch, dass wir ‚in Christus' sind, sitzen wir in einem Zug. Durch sein vollendetes Werk können wir zur Ruhe kommen. Wir werden gefahren und können uns über die Fahrt freuen. Wir müssen uns nicht mehr sorgen und aus eigener Anstrengung nach vorne kämpfen. Selbst wenn wir ins erste Abteil rennen, werden wir nicht schneller als die anderen Insassen am Ziel sein. Auf dieser Grundlage stehen wir, auch bei den Begegnungen mit Menschen. Wir können nur an den Haltestellen um sie werben, damit sie ebenfalls einsteigen. (Vgl. 2. Korinther 5,19)

2 Sei, wie du bist

Eine Frau, die für Evangelisation brennt, hatte mit starker Menschenfurcht zu kämpfen. Immer vor Begegnungen mit Gruppen, auch wenn es nur ein Elternabend war, stieg Panik in ihr auf. Mit ihrer Not wandte sie sich an Gott und hörte jedes Mal, wie der Heilige Geist ihr zuflüsterte: „Sei, wie du bist." Gott hatte sie ganz angenommen und das half ihr, sich ebenfalls anzunehmen. Wenn sie dann Menschen traf, waren die Begegnungen stets geprägt von diesem Geist der Annahme, nach dem sich jeder sehnt. In 1. Johannes 4,19 heißt es: „Wir lieben, weil er uns zuerst geliebt hat." Wenn es dir schwerfällt, Menschen einfach so zu lieben, wie sie sind, dann empfange selbst regelmäßig Gottes Agape-Liebe, von der z. B. Korinther 13 spricht: „Liebe ist geduldig, Liebe ist freundlich ...".

Meditiere über solche Bibelstellen, wenn du magst, täglich, und die Liebe Gottes wird ganz tief dein Herz erfüllen. Wenn wir mit dieser einzigartigen Liebe anderen begegnen, braucht es manchmal nicht mehr viele Worte.

3 Hindernisse überwinden, Christus zu bezeugen

Was könnte uns jetzt noch aufhalten, mit Menschen über Jesus zu sprechen? Vielleicht fallen dir im entscheidenden Moment die Sünden der letzten zehn Jahre ein. Oder du hast bereits schlechte Erfahrungen beim Zeugnis geben gemacht und die Angst vor Ablehnung sitzt dir noch im Nacken. Glaubst du, du hättest nichts zu sagen, was ganz sicher nicht stimmt? Bist du vielleicht schon immer Christ gewesen und schwimmst ohne die leiseste Spur von Drogengeschichte und Drama fast nur in christlichen Gewässern? - Vielleicht schiebst du all das einfach mal zur Seite und konzentrierst dich auf die Fakten. Es geht einzig darum, über die guten Taten Gottes zu sprechen, die du mit ihm erlebst.

PRAKTISCHE ANLEITUNG FÜR DEIN PERSÖNLICHES ZEUGNIS

Schreibe auf, was du mit Gott erlebt hast

Eine mögliche Gliederung

Vorher:
- Was hat dein Leben geprägt?
- Gab es ein negatives Lebensmuster, z. B. Angst, Einsamkeit, Bitterkeit, Ablehnung, Gleichgültigkeit, Gewalt?
- Hat Glauben eine Rolle gespielt?
- Hast du dich irgendwann mal von Gott abgewendet?

Wie ist Gott in deinem Leben zur Hauptrolle geworden:
- Wer oder was hat dich auf Jesus aufmerksam gemacht?
- Wie kam es zur Umkehr/Hinwendung zu Gott?
- Statt: „Ich habe mich entschieden" lieber: „Ich habe gebetet, dass ..."

Nachher:
- Was hat sich verändert?
- Wie hat es sich verändert, z. B. durch Gebet, Bibellesen, Gemeinschaft, Sachen in Ordnung bringen?
- Was ist aus deinem negativen Lebensmuster geworden? Vielleicht Mut, Freundschaft, Vergebung, Annahme oder anderes.
- Aussagen über Gott/Jesus: Was bedeutet er heute für dich?

Noch ein paar Tipps zum Schreiben:
- Erzähle eine gute Nachricht und schmücke das Negative nicht aus. Es sollte enthalten: Wertschätzung, Dankbarkeit, Freude darüber, wie Gott sich in deinem Leben zeigt; „... und vergiss nicht, was er dir Gutes getan hat." (Psalm 103,2)
- Wenn du Not erfahren hast oder durch andere Christen (Leiter, Kirchengemeinde etc.) verletzt wurdest, dann nenne keine Namen, um niemanden bloßzustellen.
- Suche den Kern einer Situation, verliere dich nicht in Details.
- Vermeide Begriffe wie „Christ", „christliches Elternhaus" und ähnliches. Damit assoziiert man zu viel Unterschiedliches. Stattdessen erkläre lieber, wie sich das christliche Elternhaus konkret ausgewirkt hat: z. B. „Wir haben zu Hause gebetet" oder „Wir sind sonntags gemeinsam in den Gottesdienst gegangen".
- Es gibt kein richtig oder falsch, besser oder schlechter, jeder hat (s)eine Botschaft! Wenn du vor vielem bewahrt worden bist, dann ist das eine sehr gute Botschaft.
- Formuliere so, dass es jemand versteht, der noch nie in einer Kirche war. Konkrete, einfache, bildhafte Sprache.
- Nicht belehren. Sondern erzähle deine persönliche Geschichte.
- Maximal 300 Worte
- Nimm dir Zeit dafür, es lohnt sich.

- Erzähle Freunden deine Geschichte. Erlaube ihnen, Rückfragen zu stellen. Lass dir Ideen geben, was du besser machen könntest. Frage auch andere nach ihren Zeugnissen.

Es ist sinnvoll, über dein Zeugnis etwas nachzudenken und es zu formulieren. Mit deiner ganz eigenen Geschichte bist du der Freudenbote, der Glaube, Liebe und Hoffnung in das Leben einer anderen Person bringen kann.

EIN ZEUGE HAT DIE AUFGABE, DAS, WAS ER GESEHEN, GEHÖRT UND ERFAHREN HAT, WAHRHEITSGEMÄSS WIEDERZUGEBEN.

VERSTEHEN & FESTHALTEN

1 Wie warst du früher, als du Gott noch nicht kanntest?

2 Was glaubst du, wie würde dein Leben ohne Gott heute aussehen?

3 Meditiere über Bibelstellen, die von der Liebe Gottes sprechen, z. B. 1. Korinther 13, Römer 8,35-39.

4 Wann hast du das letzte Mal von deinem Glauben erzählt?

UMSETZEN & GESTALTEN

1 Schreibe anhand der praktischen Anleitung im Text dein persönliches Zeugnis auf.

2 Welche ‚Gelegenheiten' wären in den kommenden Tagen dafür geeignet, deinen Glauben zu bezeugen? Bete dafür.

SCHRITT 9

MEINE WELT MITGESTALTEN

GEISTLICH BEGLEITEN

Kennst du diesen christlichen Auto-Aufkleber: „Folge nicht mir, sondern Jesus"? Das klingt auf den ersten Blick witzig und auch ziemlich demütig. Ein tieferer Blick in die Bibel offenbart aber noch eine andere Seite des Prinzips der Nachfolge: Jesus selbst sagt in Johannes 13,15: „Ich habe euch ein Beispiel gegeben, damit auch ihr so handelt, wie ich an euch gehandelt habe." Paulus schlägt in dieselbe Kerbe mit Aussagen, wie: „Daher bitte ich euch eindringlich: Folgt meinem Beispiel!" (1. Korinther 4,16)

EIN LEBEN, DAS MENSCHEN ANZIEHT

Menschen folgen zuerst uns, bevor sie Jesus folgen. Wir sollten uns dessen bewusst sein, dass Menschen in unserem Wirkungskreis auf unser Leben schauen. Im besten Fall nehmen sie Integrität in unserem Lebensstil wahr – das Einssein von innerem und äußerem Leben, die Übereinstimmung zwischen der inneren Haltung und der äußeren Handlung. Nur wenn wir in dieser Übereinstimmung leben, können wir in unserem Umfeld ein kräftiges Zeugnis sein und Jesus in unserer Welt repräsentieren. „Wir haben unser Christsein oft reduziert auf ein Leben in einer christlichen Kultur, anstatt in unserer christlichen Natur zu leben", heißt es im ersten Stadtreformer-Workbook. Dieser Herausforderung müssen wir uns stellen, denn in unserer christlichen Natur zu leben gehört zu unserer ‚Integrität' und bringt Glauben, Liebe und Hoffnung hervor.

GOTTES STRATEGIE FÜR CHARAKTERBILDUNG

Wie ist es nun möglich, ein Leben zu führen, das nicht nur Gott gefällt und ehrt, sondern auch potenzielle Nachfolger Jesu anzieht? Wir können und müssen nicht warten, bis alle unsere

Schwachstellen überwunden sind, aber wir können offen mit ihnen umgehen, Unterstützung suchen und mit Jesus aktiv an unserem Herzen arbeiten. Eine Strategie Gottes für Charakterbildung finden wir in Jakobus 1,3f.: „Wenn euer Glaube erprobt wird und sich bewährt, bringt das Standhaftigkeit hervor. Und durch die Standhaftigkeit soll das Gute, das in eurem Leben begonnen hat, zur Vollendung kommen. Dann werdet ihr vollkommen und makellos sein, und es wird euch an nichts mehr fehlen." Jakobus spricht hier von Anfechtungen und Prüfungen. Darüber können wir meditieren und uns freuen, denn wenn wir auf Gott ausgerichtet durch Schwierigkeiten gehen, wird das Resultat phänomenal sein. Manche unserer Schwachstellen werden verschwinden, andere nimmt uns Gott scheinbar gar nicht weg (siehe Paulus' Pfahl im Fleisch 2. Korinther 12,7 f.) In allen Fällen aber können wir auf Gottes Gnade zurückgreifen, die in den Schwachen besonders mächtig ist.

WIR ALLE KÖNNEN JEMANDEN BEGLEITEN

Für einen geistlichen Begleiter geht es zunächst darum, überhaupt zu erkennen, wer sich im eigenen Umfeld für den Glauben interessiert. Vielleicht, weil die betreffende Person etwas Unerklärliches an uns wahrnimmt, etwas, das sie anzieht, oder sie miterlebt hat, dass sich die Atmosphäre durch Gebet verändert hat. Diese Person können wir auf dem Weg in den Glauben hinein begleiten. Vielleicht auch beim anschließenden Prozess, eine christliche Natur anzunehmen, indem sie Christus immer mehr kennenlernt. Wie schön auch, wenn es gelingt, dass sie ein Teil des Leibes Christi wird, von dem Epheser 4,16 spricht: „Ihm (Christus *Anm. d. Red.*) verdankt der Leib sein gesamtes Wachstum. Mit Hilfe all der verschiedenen Gelenke ist er zusammengefügt, durch sie wird er zusammengehalten und gestützt, und jeder einzelne Körperteil leistet seinen Beitrag entsprechend der ihm zugewiesenen Aufgabe. So wächst der Leib heran und wird durch die Liebe aufgebaut." Anfangs kann sich diese Person noch an uns orientieren, bis sie in der Lage ist, sich ganz vom Heiligen Geist leiten zu lassen. Wir können währenddessen einfach aufmerksam sein, nachfragen, erklären, ein Buch weitergeben oder einen Link schicken. Wann hast du zuletzt jemanden an die Hand genommen und in kleinen Schritten in die Nachfolge Jesu hineingeführt? Vielleicht hattest du selbst niemanden, der dich in deinen Glaubensanfängen begleitet hat. Das ist schade, muss dich aber nicht davon abhalten, dich in diesem Bereich in andere zu investieren.

Aber war es zu biblischen Zeiten nicht einfacher als heute, ein geistlicher Begleiter zu sein? Hatte Petrus es damals nicht leichter, als er in seiner Pfingstpredigt (siehe Apostelgeschichte 2,14-36) an das vorhandene Wissen seiner Zuhörer anknüpfen konnte? Die Menschen in Jerusalem kannten immerhin das Alte Testament und lebten in einer Messiaserwartung. Heute sind Menschen in unserer Gesellschaft nicht nur zunehmend entkirchlicht, sondern auch entchristlicht. Viele stricken sich ihre eigene postmoderne Patchwork-Religion zusammen. Sie finden Jesus an sich vielleicht gut, aber Aussagen wie „Jesus ist der (einzige) Weg, die Wahrheit und das Leben" überhaupt nicht prickelnd, genau genommen ziemlich anmaßend. Es scheint immer schwieriger zu sein, Menschen einfach zu einer Veranstaltung in die Gemeinde mitzunehmen. Wenn die ‚Komm-Struktur' in der bisherigen Form ausgedient hat, inwieweit brauchen wir eine neue ‚Geh-Struktur', um Menschen, die nicht christlich geprägt sind, als persönliche geistliche Begleiter mit Jesus vertraut zu machen?

DIE ‚GEH-STRUKTUR' WAR NORMAL IM URCHRISTENTUM
Von Fußbekleidung ist die Rede – Sneaker, Businessschuhe oder Stöckelschuhe gehen auch – „Tragt an den Füßen das Schuhwerk der Bereitschaft, das Evangelium des Friedens zu verbreiten", heißt es im Epheserbrief. Jesus selbst geht hin zu den Menschen und ruft die zu

sich, in die er investieren will: „Folge mir nach!". Die sein Angebot annehmen, begleiten ihn mitten ins Leben hinein, ins wankende Boot, auf das reife Weizenfeld, zum Festmahl, zu den Kranken, Besessenen und Toten. Nun, kann man einwenden, war Jesus Jüngermacher in Vollzeit und musste sich nicht noch Gedanken um Bilanzen oder die neue Großbaustelle machen. Doch geistliches Begleiten ist nicht nur auf wenige Berufschristen beschränkt, sondern Sache der ganzen christlichen Gemeinschaft. Jeder ernstmeinende Christ kann grundsätzlich Lehrender und Lernender zugleich sein, draußen, im prallen Leben des Alltags.

GOTT WEISS, WER EIN GEISTLICH HUNGRIGES HERZ HAT

Auch Philippus geht zu dem, der von und für Gott schon vorbereitet ist – ohne Zweifel auf besonderem Wege, denn er wird von einem Engel Gottes zu einer einsamen Wüstenstraße Richtung Gaza geführt. Im 8. Kapitel der Apostelgeschichte lesen wir, wie Philippus dort den Finanzminister der Königin von Äthiopien trifft. Dieser Äthiopier kommt gerade aus Jerusalem zurück, wo er war, „um den Gott Israels anzubeten". Er sitzt in seinem Wagen und liest im Buch des Propheten Jesaja. Inspiriert durch den Heiligen Geist, fragt ihn Philippus: „Verstehst du denn, was du da liest?" Die Antwort klingt wie eine regelrechte Steilvorlage: „Wie kann ich es verstehen, wenn niemand es mir erklärt?" (Apostelgeschichte 8,30-31) Dieser echten Nachfrage (Hunger) begegnet Philippus nun mit dem Evangelium von Jesus Christus (Angebot). Auch wenn dieses Treffen in der Wüste wohl nicht allzu lange gedauert hat und sich Philippus auf das Wesentliche konzentrieren musste – Gott gebrauchte ihn als geistlichen Begleiter. Wie viele Menschen in deinem Umfeld warten auf jemanden, der ihnen erklärt, was sie dringend wissen müssen?

WIE BEGLEITE ICH JEMANDEN GEISTLICH?

Wann wird ein Mensch zu einem Suchenden? Es bleibt dabei: Gott bereitet Menschen vor, er macht sie hungrig. Das sehen wir in unserer Philippus-Geschichte. Ausgangspunkt für jedes geistliche Wachstum ist die Sehnsucht des Einzelnen nach Gott und nach einer Berührung von ihm. Und dann braucht es diesen „Klick", dass der Suchende jemanden findet, der sich zu ihm auf den Wagen setzt. Im sogenannten Anderson-Reese-Modell[1] finden wir fünf aufeinander aufbauende Dynamiken für die geistliche Begleitung einer Person. Je nach Konstellation kann es z. B. auch nur bis zur ‚Anziehung' oder ‚Beziehung' kommen.

[1] Keith R. Anderson & Randy D. Reese, Geistliches Mentoring (Asslar: Gerth Medien, 2000), S.13.

- **Anziehung**

Der Kirchenvater Augustinus würde uns sagen: „Zieh sie durch dein Leben an!"
Frage dich: Gibt es bei der am Glauben interessierten Person ein gegenseitiges Interesse? Sind Sympathie und Neugier für ein besseres Kennenlernen und einen vertiefenden Austausch bei beiden vorhanden?

- **Beziehung**

Indem Philippus auf den Wagen des Ägypters gestiegen ist, hat er sich auf ihn eingelassen und sich mit ihm auf die Reise gemacht. Auf einer solchen Reise braucht es Respekt und Sensibilität für die Verwundbarkeit der Person, die wir Christus näher bringen wollen. Dann entsteht eine sichere Atmosphäre, in der schnell Vertrauen und Nähe wachsen.

- **Offenheit**

Philippus durfte die Erfahrung machen, dass der Mann aus Äthiopien wirklich bereit, offen und empfänglich war, sich auf etwas Neues einzulassen und sich dadurch auch verletzbar zu machen. Hier können wir Gott vertrauen, dass er diese Offenheit vorbereitet.

- **Rechenschaft / Verbindlichkeit**

Wenn eine Person dabei ist, Christus kennenzulernen, wird es immer wieder innere Kämpfe und Zweifel geben: „Ja, aber...", „Eigentlich doch nicht", „Will ich das wirklich? Das kostet mich ja echt was!" oder „Meine Familie sagt, jetzt dreht er ganz durch!" Nicht selten ist dieser Weg steinig und uneben. Das bedeutet für den geistlichen Begleiter, wachsam zu sein. Inwieweit ist die Person, die ich begleite, verbindlich dabei? Kann sie ehrlich über Herausforderungen oder Rückschläge auf dem Weg sprechen und sich - wenn nötig - an die Hand nehmen lassen?

- **Befähigung**

Philippus' erste Frage war: „Verstehst du denn, was du da liest?" Die auf dem Silbertablett gelieferte Antwort „Ich brauche jemanden, der mir das erklärt" nutzt er, um Jesus zu verkünden. Wir kennen natürlich die Details des weiteren Gesprächs nicht, wohl aber das Resultat: Der Äthiopier lässt sich voller Freude auf diesen ‚neuen Weg' ein und ist schließlich auch bereit, sich von Philippus taufen zu lassen. Damit befähigt er den Mann, von nun an seinen Glaubensweg fröhlich weiterzugehen und selbst Verantwortung für sein neues Leben zu übernehmen. In unserer Geschichte konnte Philippus den Ägypter nicht über eine längere Phase geistlich begleiten. Möglicherweise sind dem Äthiopier auf seinem Weg zu Gott aber noch weitere Christen begegnet, die eine Wegstrecke mit ihm gegangen sind.

ALS GEISTLICHE BEGLEITER GEHT ES ZUNÄCHST DARUM, ÜBERHAUPT ZU ERKENNEN, WER IN DEINEM UMFELD ANFÄNGT, SICH FÜR DEN GLAUBEN ZU INTERESSIEREN.

Fördern und ermutigen ohne zu drängen – geistliches Begleiten macht Menschen mit Jesus Christus vertraut, jeden Einzelnen in seinem Tempo. Es ist ein Katalysator für die Entdeckungsreise einer Person, ein Leben mit Gott zu führen, so wie es sich dieser für sie gedacht hat. Welche Person legt Gott dir ans Herz? Zu wem willst du dich für ein paar Meilen auf den Kutschbock setzen?

VERSTEHEN & FESTHALTEN

1 Wie hast du deinen eigenen Weg in Jüngerschaft erlebt? Wer waren deine geistlichen Begleiter?

....

....

....

....

....

....

2 Tausche dich mit anderen darüber aus, welche Schritte für euch bei dieser Jüngerschaft wichtig waren.

....

....

....

....

....

....

....

UMSETZEN & GESTALTEN

1 Was unternimmst du bereits, um andere Menschen in ein Leben mit Jesus zu führen?

....

....

....

....

2 Welche Person legt Gott dir aufs Herz, der du ein geistlicher Begleiter sein kannst?

....

....

....

....

3 Wie könnte der Jüngerschaftsprozess in deiner Gemeinde / Organisation neu belebt und aktiviert werden?

....

....

....

....

SCHRITTE 1-9

KURZ & GUT

Als Stadtgestalter haben wir uns zusammen auf den Weg gemacht, um Gott in unserer Welt ‚sichtbar' zu machen. Wie geht es nun weiter? Die neun Schritte dieses Buches sind dafür gedacht, dir im Alltag wertvolle Begleiter zu sein, die du zukünftig nicht nur chronologisch, sondern je nach Bedarf anwenden kannst. Damit entwickelst du jeden einzelnen Schritt immer weiter, um ihn dann in deiner Welt umzusetzen.

Für das schnelle Frühstück im Stehen sozusagen findest du hier die neun Schritte in Kurzform, die dir immer wieder vor Augen halten, worum es eigentlich geht:

MEINE WELT ERFASSEN

1 WIRKUNGSKREIS ERKENNEN

In uns allen steckt die Fähigkeit zu gestalten – auch unseren Wirkungskreis. Er wartet nur darauf, dass wir Verantwortung für ihn übernehmen und die gestaltende Kraft Gottes freisetzen. Dies sind die fünf Räume, in denen wir Handlungsvollmacht haben:

1. Als Individuum – für mich selbst und mein Leben
2. Als Teil einer Familie – für die eigene Kernfamilie und die erweiterte Familie
3. Als Teil einer Glaubensgemeinschaft
4. Als Teil des Verbandswesens – Beruf, Verein, Gemeinwesen, Wirtschaft und Kultur
5. Als Teil des Staatswesens – als Nachbar, Staatsbürger und politisch aktiver Mensch, der zumindest sein Wahlrecht wahrnimmt

In diesen Handlungsradius können wir Versöhnung und Wiederherstellung hinein bringen. Nicht aus Aktivismus heraus oder eigener Kraft, sondern durch Gottes Geist. „Es ist vollbracht!" – Das vollendete Werk Christi bevollmächtigt uns, die Welt um uns herum nach dem Wesen Christi zu gestalten. In ihm sind wir vollkommen, befreit zu guten Werken und seine Kraft ist in uns mächtig.

2 ALLTAG UMARMEN

Gott selbst liebt diese Welt so sehr, dass er seinen eigenen Sohn mit Haut und Haar ins irdische Chaos geschickt hat. Jesus lebte mit jeder Faser seines Seins die gute Botschaft vor. Stets bereit, zu berühren, zu helfen, zu heilen und wiederherzustellen. Auch wir dürfen unseren Alltag als Gottesdienst feiern. Wenn wir vom vollendeten Werk Christi her denken, dann gibt es keinen gottlosen oder hoffnungslosen Alltag mehr. Wir können uns entschlossen hineingeben und genau dort Gottes Gegenwart erleben. Denn Gottesdienst heißt auch, die Schwelle zu den Menschen zu überschreiten, die Gott noch nicht kennen. Dabei hilft uns eine erneuerte Sprache. Sie beeinflusst unser Herz positiv und bringt es zur Umkehr. Mit der Zeit wird unsere Sprache immer mehr Gottes Wesen widerspiegeln und wir kommen zunehmend in Einklang mit seinen guten Absichten.

3 IDENTITÄT ERGREIFEN

Wenn wir wirklich erkannt haben, wer wir ‚in Christus' sind, müssen wir uns nicht mehr von dieser Welt abgrenzen. Wir wissen um unsere Positionierung, Identität und Kraft, denn wir alle sind eine ‚königliche Priesterschaft'. (1. Petrus 2,9) Als solche treten wir ein für andere. Wir machen die himmlischen Weisheiten und Gedanken auf Erden bekannt und verkünden den Zustand unseres Alltags im Himmel. Das lässt den Himmel aufmerken und bringt ihn in Bewegung. Es hat nur mit unserem Stand als Christ zu tun und nichts mit unserem Zustand. Wir dürfen die Hilfe und Lösungen ergreifen, die Gott zu jeder Zeit für uns vorbereitet hat und fragen voller Vertrauen und Vorfreude: „Was machen wir daraus, Herr?" Es hat nichts mit Beten oder anderen Werken zu tun. Vielmehr ist es ist eine Haltung, eine Einstellung, das Ergreifen unserer Identität, mit der wir den Himmel repräsentieren. Alles, was der Himmel hat, ist in Christus und wir sind in ihm. Wir gestalten unseren Wirkungskreis demzufolge direkt aus der himmlischen Vollmacht heraus.

4 NOT VERSTEHEN

Was möchte uns unsere Welt sagen? Jesus hörte der Welt, in der er lebte, genau zu. Er verstand, dass die Menschen darin erschöpft und hilflos waren wie Schafe, die keinen Hirten haben. (Matthäus 9,35-38) Jesus war mittendrin in seiner Welt und nahm bewusst in sich auf, was um ihn herum vor sich ging. Dann machte er das Wahrgenommene offenbar, aber immer mit dem wohlwollenden, gnädigen Blick des Vaters. Was erkennst du, wenn du mit diesem Blick auf deinen Wirkungskreis schaust? Wichtig ist, nicht zu schnell zu (be-)werten. Stattdessen zu erfassen, was Gottes Geist in dir bewegt. Weil der Heilige Geist die tieferliegenden Probleme benennt, müssen wir nicht nur Symptome bekämpfen, sondern können das Problem an der Wurzel packen, indem wir Glaube, Liebe und Hoffnung hineinbringen. Was wäre, wenn deine Welt nach der Frucht ‚Gerechtigkeit', ‚Friede' und ‚Freude' schmecken würde? Wie sähen dein Freundeskreis, deine Arbeitsstätte etc. aus, wenn das Reich Gottes dort seine Kraft entfaltete?

MEINE WELT MITGESTALTEN

5 BETEND GESTALTEN

Wirksames Beten bringt dich nicht nur näher an Gottes Herz, sondern bewegt auch deine Welt dorthin. Paulus schreibt an Timotheus: „Das Erste und Wichtigste, wozu ich die Gemeinde auffordere, ist das Gebet." (1. Timotheus 2,1a) Nicht, weil die anderen Dinge nicht gut oder nicht wichtig wären, sondern, weil alles Tun aus der Gottesbeziehung fließen soll und alle Aktion ihre Wirksamkeit aus dem Gebet erhält. Als Stadtgestalter wollen wir die künstliche und sinnlose Trennung zwischen scheinbar „heiligen Orten" und der „profanen Welt" überwinden. Wir beten daher in unserem Wirkungskreis, nicht nur für ihn. Das macht Gottes Gegenwart sichtbar und für die Menschen in unserem Umfeld erlebbar.

6 KULTUR PRÄGEN

Wie gelingt es nun, die Lebensart des Reiches Gottes als Kultur in unseren Wirkungskreis einzupflanzen und ihn mit ihr zu durchdringen, damit sie für alle sichtbar wird? „Lass dich nicht vom Bösen besiegen, sondern besiege Böses mit Gutem." (Römer 12,21) Die Bibel ist ganz klar darin, dass wir das Schlechte nicht einfach so gedeihen lassen und uns ducken sollen, bis es überhandnimmt. Doch nicht nur dagegensetzen, heißt die Devise, sondern das Böse sogar noch übertrumpfen. Und womit? Mit dem Guten, denn es ist stärker als das Böse! Wir pflanzen bewusst das Gute, das wir haben wollen: Dankbarkeit, Großzügigkeit, Freude, Hoffnung etc. Es geht darum, eine neue Kultur zu prägen - die Kultur, die Jesus uns lehrt.

7 GUTE WERKE TUN

Wir sind geschaffen zu guten Werken. Diese guten Werke tun wir aber nicht, um Gott zu gefallen, denn wir gefallen ihm schon längst. Indem wir Menschen in ganz praktischer Form dienen, bringen wir Glaube, Liebe und Hoffnung zu ihnen und machen damit Gott ‚sichtbar' und ‚erlebbar'. Wo drückt der Schuh wirklich in unserem Wirkungskreis? Wichtig ist, die wahre Not der Menschen zu erkennen. Oftmals erkennen wir an der Bewegtheit unseres Herzens, für wen oder was wir einen konkreten Auftrag haben. Dabei können kleine Gesten Großes bewirken. Wir orientieren uns an der ‚Nachfrage' in unseren Wirkungskreis und bringen dort gute Lösungen hinein. Wenn Menschen so gute Erfahrungen mit ‚göttlichen Produkten' machen, begehren sie bald den ‚Urheber der Produkte' selbst. Indem sie Gott dann loben, wird die ‚Marke Gott' sichtbar: „Was für einen wundervollen Schöpfer wir doch haben!"

8 GLAUBEN BEZEUGEN

Du musst kein Evangelist sein, um deinen Glauben zu bezeugen. Ein Zeuge hat nur die Aufgabe, das, was er gesehen, gehört und erfahren hat, wahrheitsgemäß wiederzugeben. Du hast genügend Menschen in deinem Wirkungskreis, denen du die beste Botschaft, die es je gab, weitergeben kannst. Dabei haben wir den großartigsten Helfer an unserer Seite: „Aber wenn der Heilige Geist auf euch herabkommt, werdet ihr mit seiner Kraft ausgerüstet werden, und das wird euch dazu befähigen, meine Zeugen zu sein." (Apostelgeschichte 1,8) Du selbst verfügst über etwas ganz Einzigartiges, das die Fähigkeit in sich trägt, die Herzen von Menschen ganz tief zu berühren und sie für das Evangelium zu öffnen: dein persönliches Zeugnis. Mit deiner ganz eigenen Geschichte bist du der Freudenbote, der Glaube, Liebe und Hoffnung und in das Leben einer anderen Person bringen kann.

9 GEISTLICH BEGLEITEN

Menschen folgen zuerst uns, bevor sie Christus folgen. Wir sollten uns dessen bewusst sein, dass Menschen in unserem Wirkungskreis auf unser Leben schauen. Dieser Herausforderung müssen wir uns stellen. Denn in unserer christlichen Natur zu leben, anstatt nur in einer christlichen Kultur, gehört zu unserer Integrität als Nachfolger Christi. Aber anstatt unter Druck zu geraten, können wir offen mit unseren Schwachstellen umgehen, Hilfe suchen und mit Jesus an unseren Herzen arbeiten. Manche unserer Schwachstellen werden verschwinden, andere nimmt uns Gott aber scheinbar gar nicht weg (siehe Paulus' Pfahl im Fleisch 2. Korinther 12,7 f.) In allen Fällen aber können wir auf Gottes Gnade zurückgreifen, die in den Schwachen besonders mächtig ist.

Jesus selbst ging hin zu den Menschen und rief die zu sich, in die er investieren wollte. Geistliches Begleiten ist aber nicht nur auf wenige

Berufschristen beschränkt, sondern Sache der ganzen christlichen Gemeinschaft. Gott weiß zuerst, wer ein geistlich hungriges Herz hat. Er bereitet diese Menschen vor und zeigt sie uns dann. Nun liegt es an uns. Setzen wir uns wie Philippus zum ägyptischen Kämmerer auf ihren Wagen und begleiten sie bei ihrer geistlichen Reise? Wen legt Gott dir aufs Herz?

TRÄUME GROSS UND GEHE VIELE KLEINE SCHRITTE

Wir können guten Mutes sein und uns freuen. Jesus hat uns am Kreuz nicht nur von jeder Schuld und Verdammnis befreit. Wenn wir uns entscheiden, in unserer neuen Identität zu leben, dann leben wir im Geist und dieses Leben wird Gutes hervorbringen. Hilfe dafür bekommen wir von allerhöchster Instanz: „Gott selbst ist ja in euch am Werk und macht euch nicht nur bereit, sondern auch fähig, das zu tun, was ihm gefällt." (Philipper 2,13)

Träume groß und gehe viele kleine Schritte, heißt ein Motto der Stadtreformer. Auf dem Weg durch die neun Schritte in diesem Workbook sind hoffentlich einige neue Träume entstanden. Die wichtigste Frage dazu ist ganz praktisch: Was ist der nächste Schritt, den Gott dir aufs Herz legt?

DANKE ...

Michael Winkler ist Mitbegründer der Stadtreformer (www.die-stadt-reformer.de) und der Werkstatt für Gemeindeaufbau (www.leiterschaft.de). In dieses Workbook fließt seine jahrzehntelange Erfahrung als Gemeindegründer, Unternehmensberater und Coach von Führungskräften in Wirtschaft und Gesellschaft ein.

GANZ HERZLICHEN DANK AN
- **Christoph Stumpp** für das professionelle und umsichtige Projektmanagement dieses Workbooks. Er verfasste zudem den ermutigenden Schritt 9 „Geistlich begleiten". Christoph ist als Pastor, Coach und Berater tätig und gestaltet Projekte der Stadtreformer.
- **Ulrike Kühnel** für die kreativen und erfrischenden Texte dieses Workbooks. Ulrike arbeitete jahrelang als Fernsehautorin (ZDF/SWR). In den letzten Jahren verlagerte sie ihren Tätigkeitsschwerpunkt auf das Schreiben und arbeitet als freie Autorin im Bereich Internet, Drehbuch und Print.
- **Jürgen Klammt** für den wertvollen Exkurs „Gebet für deine Stadt" und **Brigitte Klammt** für den alltagsnahen Schritt 9 „Glauben bezeugen". Das Ehepaar wurde von Gott 2010 in den Großraum München gerufen, um Reich Gottes in verschiedenen Gesellschaftsbereichen sichtbar zu machen. Jürgen liebt es, Einzelpersonen und Teams kreativ zuzurüsten. Er ist Anbeter, Bibellehrer und Provokateur :-). Brigitte hat durch ‚Evangelisation Explosiv' Tools an die Hand bekommen, die befähigen, gezielt Zeuge zu sein und andere für diesen Dienst zu trainieren. Sie ist mit ganzem Herzen Krankenschwester in der ambulanten Pflege.
- **Lukas Knieß** für das Verfassen des motivierenden Schritts 5 „Betend gestalten". Lukas ist Gründer und Leiter des ‚Haus des Gebets' in St. Georgen. Außerdem ist er als Teaching-Pastor im ICF-Schwarzwald-Bodensee tätig.

IMPRESSUM

Die Deutsche Bibliothek verzeichnet diese Publikation in der Deutschen Nationalbibliografie; detaillierte bibliografische Daten sind im Internet über www.d-nb.de abrufbar.

Soweit nicht anders angegeben, sind die Bibelverse
folgender Ausgabe entnommen:
Bibeltext der Neuen Genfer Übersetzung - Neues Testament und Psalmen
Copyright © 2011 Genfer Bibelgesellschaft
Weiter wurden verwendet:
Elberfelder Bibel 2006, © 2006 by SCM-Verlag GmbH & Co. KG, Witten.
Lutherbibel, revidierter Text 1984, durchgesehene Ausgabe in neuer Rechtschreibung, © 1999 Deutsche Bibelgesellschaft, Stuttgart.
Wiedergegeben mit freundlicher Genehmigung. Alle Rechte vorbehalten.

Umschlaggestaltung & Satz: spoon design, Olaf Johannson
Umschlagabbildung: Varavin88, Shutterstock.com
Abbildungen im Buch: Shutterstock.com (S. 2, 9, 13, 15, 28, 31, 33, 41, 48, 51, 59, 65, 72, 75, 85, 102, 104, 107, 112), Unsplash.com (S. 5, 12, 20, 23, 54, 57, 62, 67, 77, 82, 87, 92, 95, 97, 116, 119)
Herstellung: Edition Wortschatz

© 2020 Die Stadtreformer, Möhringer Landstraße 98, 70563 Stuttgart
Redaktion: Ulrike Kühnel, Christoph Stumpp

Edition Wortschatz, Sauerbruchstraße 16, 27478 Cuxhaven
ISBN 978-3-943362-65-7, Bestell-Nummer 588 898

Nachdruck und Vervielfältigung, auch auszugsweise,
nur mit Genehmigung des Herausgebers
www.edition-wortschatz.de